図説

ツタンカーメン王

仁田三夫・村治笙子［著］

河出書房新社

はじめに

エジプトの首都カイロから南約670キロのナイル河沿いに、遺跡の宝庫として知られる古都ルクソールがある。

ナイル河の西岸には、ネクロポリス（死者の都）と呼ばれる墓所「王家の谷」があり、そこで1922年まで謎の存在とされていたツタンカーメン王墓が、イギリスの考古学者カーターによって発見されている。これはエジプト考古学史上、最大の発見であった。

約3300年前の第18王朝末期に短い間在位した少年王の身辺を飾った財宝が、ほとんど手つかずのまま、2000点近く発見されている。世紀の発見は世界中に報道され、ツタンカーメン王はピラミッドにまさる知名度を獲得して、古代エジプト史でもアイドル的存在として知られるようになった。1965年には黄金のマスクを含む45点の財宝がカイロ博物館展示のなかから選ばれて、東京、京都、福岡の各都市で展示、一般公開されて、当時としては異例の100万人の入場者を集めることに成功している。

写真はナイル西岸のネクロポリスの遠望で、画面上方にナイル河の流れが見え、ほぼ中心に大王ラメセスの葬祭殿が荒涼とした風景の中に建っている。この地区の西側、ハトシェプスト女王の葬祭殿の背後に立つ崖の真後ろに墓所としての王家の谷があるのだが、王としては小さすぎる墓内の石棺の中で3300年前に埋葬されたままの姿で、ツタンカーメンは静かに眠り続けている。

本書はすでに刊行されている『図説　古代エジプト1　ピラミッドとツタンカーメンの遺宝』『古代エジプト2　王家の谷と神々の遺産』に続くものだが、ツタンカーメン王の豊富な秘宝をより細かく紹介し、現在カイロ博物館に展示されている秘宝の多くを掲載している。

秘宝から見え隠れする歴史や、発見者カーターをはじめ、関係のある諸要素をごく簡単に説明した。ツタンカーメン王を知る、入門書の役割を果たすことができれば幸いである。

図説 ツタンカーメン王

目次

Tutankhamen

COLUMN

古代エジプト通史
「アマルナ革命」の終焉、そしてツタンカーメン登場まで

アフリカ大陸リビア砂漠の東北端、現在のエジプトに統一国家が誕生したのは、今から約5000年ほど前、ナルメルと呼ばれる人物がナイル河の流域に南北に分かれていた政治勢力を一つにまとめたことに始まる。

『エジプト史』をひもとく

プトレマイオス朝初期（ギリシアによる国家支配の時代、前3世紀初め頃）、エジプト人でヘリオポリス（太陽神信仰の中心地。カイロの東北約八キロの地）の高級祭司であったマネトが、プトレマイオス2世に献上したギリシア語による『エジプト史』によれば、ナルメル（マネトは「メネス王」とするが不詳）による国家統一からアレクサンドロス大王のエジプト征服（前332年）までが30の王朝に区分されている。同書の原本は散逸して完本は残されていないが、後世の歴史家ヨセフスほかによって抜粋が引用され、不備な点も多いものの、現在にいたるまで古代エジプト王朝史研究の基本となっている。

各王朝時代の様相

現在では一般に、ナルメルによる第1王朝から第2王朝までの約350年間を「初期王朝時代」と呼んでいる。続く第3王朝からの「古王国時代」には、中央集権体制が固められていく。王墓として世界初の階段式ピラミッドを建造したのは、第3王朝初代ジェセル王である。第4王朝に入ると、スネフル王が1人で3基のピラミッドを建て、次王クフは有名なギザの大ピラミッドを完成させる。さらにカフラー王、メンカウラー王によって次々にピラミッドがつくられ、「ピラミッド時代」

とも呼ばれる最初の繁栄期を迎えて第6王朝にいたる。

その後、「第1中間期」(第7～10王朝)と呼ばれる文明衰退期に入り中央集権体制も弱体化するが、「中王国時代」(第11～12王朝)には再び繁栄し、中央集権体制を回復する。次の「第2中間期」(第13～17王朝)に入ると、それまで外敵に侵されなかった古代エジプトにアジアから異民族ヒクソスが侵入した結果、エジプトは宗主権を奪われ、第15～16王朝の約150年間にわたってその支配下に置かれた。しかし、第17王朝のセケンエンラー2世、次王カーメスによってヒクソスへの反撃が始められ、カーメスの弟イアフメス(アハメス)がヒクソス追放に成功して、第18王朝を開き、第3の繁栄期「新王国時代」を迎えた。

以後、異民族支配にこりた歴代の王たちは攻撃的防御に基づく西アジア政策をとり、軍事遠征を繰り返す。彼らは出陣に際して国家神アメンから戦勝の神託を授かり、無事に勝利してテーベに戻ると、莫大な戦利品をアメン神およびその神官団に惜しげもなく献じた。その結果、カルナック神殿のアメン神官団の富と権力が王権をおびやかすまでになり、トトメス4世はこれを牽制するため、「王位はアメン神でなく太陽神ラーの助けによって獲得した」とギザの大ピラミッド前の「夢のお告げの碑文」に残している。

アマルナ革命

次王アメンヘテプ3世も神官団に対抗する姿勢をとり、続くアメンヘテプ4世(のちのアクエンアテン)がついに彼らに戦いを挑み、古代エジプト史上、唯一の宗教改革に踏み切った。遷都の地アマルナにちなんで「アマルナ革命」と呼ばれる。

しかし、アメン神を排し唯一神アテンを国家神としたこの宗教改革は実状にそぐわず不評で、アクエンアテン1代で終わる。同王の死後、即位したツタンカーメンはアメン神信仰を復活させ、彼の王としての業績はこの一点につきるとさえ評された(「ツタンカーメンとその時代」113頁参照)。実際には、彼を擁立した神官アイや、アクエンアテンに仕えていた将軍ホルエムヘブらの政策であったのかもしれないが、新王国時代最大の国家事業はこの少年王によってなされたのである。

第一章 ツタンカーメンのマスク、王棺

黄金のマスク

ツタンカーメンの黄金のマスク。発見当時、ミイラに直接かぶせられていた。18歳で没した少年王の生前の顔に近いといわれている。額にハゲワシ（上エジプトを象徴）、コブラ（下エジプトを象徴）が飾られている。この2つが並ぶことで、エジプトを統一した者という意味を表わしている。ちなみに付け髭も王であることを示す。高さ54cm、肩幅39.3cm。

黄金のマスク背面。ネメスと呼ばれる頭巾も王の象徴である。背中の部分には、死者を守護するための「死者の書」の151章の文章がヒエログリフで彫り込まれている。「プタハ・ソカル神の光。アヌビス神が称賛した者。トト神が称賛をおくった者。神々のなかで顔美しき者」の称号を与え、「汝（マスク、以下同）の右目はセケテト（太陽の夜の船）、汝の左目はマァネジェト（太陽の昼の船）、汝の両方の眉は九柱神、汝の額はアヌビス神、汝の後頭部はホルス神、汝の巻き毛はプタハ・ソカル神。オシリス（亡くなった王）の前にあり、彼は汝の中から見る。汝は彼を正しい道へ導く。汝は彼のためにセト神の一味（オシリスの復活を妨げる邪心や邪悪な者）を討つ（以下略）」とマスクの使命が記されている。

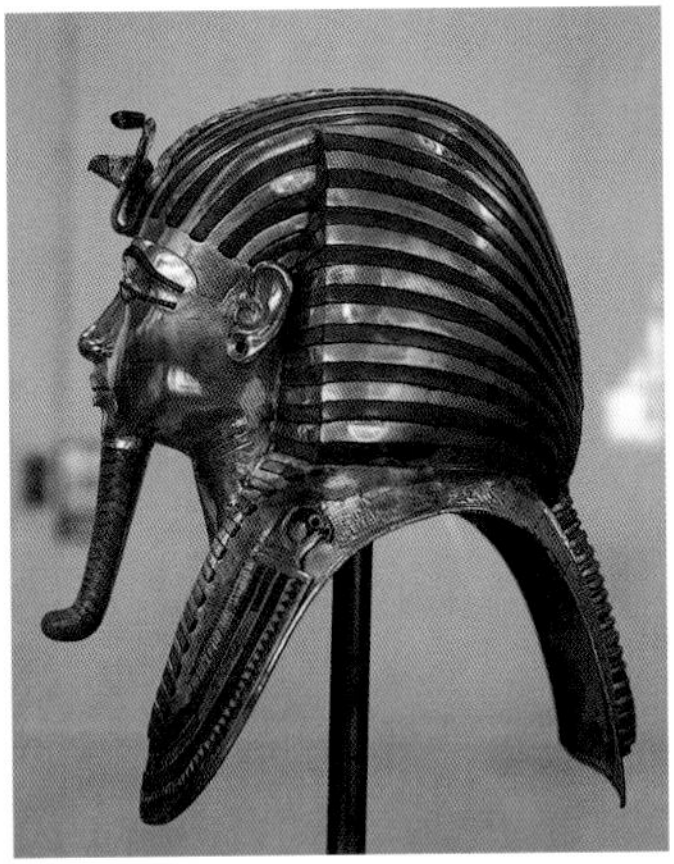

純金に近い金の板を数枚つなげ、打ち出して制作したもの。玄室（ミイラを納めた墓室）の第3の王棺に安置された少年王ツタンカーメンのミイラの頭部に直接かぶせられていた副葬品で、ミイラから判定して王の素顔の面影が残されているとされる。静かに前方を見つめる黒い瞳の中にかすかに憂いの色がたたえられ、数多い古代エジプト肖像作品の中でも傑作の1つ。

国王であることを示すネメス頭巾をかぶり、額には金製のネクベト（ハゲワシ）女神とウアジェト（ウラエウス蛇）女神が飾られ（ネクベトは上エジプト、ウアジェトは下エジプトの王の象徴）、顎にはオシリス神と同体であることを表わす付け髭がつけられている。色ガラス、ラピスラズリ、石英、長石、黒曜石などの天然素材をふんだんに用いており、ツタンカーメン王墓出土品のなかでも最も豪華な遺品の1つといえる。

第3の王棺

ツタンカーメンのミイラを納めた人型の棺は、四重の厨子に覆われた石棺の中から発見された。第3の王棺は三重の入れ子式の王棺のうちいちばん内側となるもの。この中から3300年前に埋葬された当時そのままの姿で王のミイラが発見され、関係者を驚かせた。冥界の支配者オシリス神をかたどった人型棺で、翼を広げた神々の意匠で装飾されていることから専門的にはリシ模様棺とも呼ばれる。

前項の黄金のマスク同様、王が着用するネメス頭巾をかぶり、額には金製のネクベト女神とウアジェト女神の装飾を置き、王を表わす先の少しだけ曲がった付け髭をつけている。付け髭のすぐ下には赤みがかった金と青色のファイアンス（珪砂の粉末を材料とし、釉薬をかけて焼いたもの）を使った幅の広い円盤型

のネックレスが、さらにその下にタカをかたどった大きな首飾りがかけられている。交差した腕に握られているのは、左手が王権を象徴する牧童の杖ヘカ、右手が殻竿（穀類などを脱穀する道具）ネケクである。

下腹部のあたりには、シェンと呼ばれる永遠の生命を象徴する護符を片足に1つずつつかんだネクベト女神とウアジェト女神が翼を大きく広げた姿で美しく七宝細工され、棺の下部にかけてはイシス女神とネフティス女神がやはり大きく翼を広げ、王の来世の復活を祈願している。

この棺もまた鋳造でなく、純金に近い厚さ2・5～3ミリの金の板から打ち出しでつくられており、当時の職人の技術水準の高さがしのばれる。黄金のマスクと並んで、王墓出土品のうちの逸品中の逸品といえよう。ちなみに、黄金のマスクはかつて日本をはじめ、世界各地で展示されてきたが、この第3の王棺は門外不出で、1922年の発掘以来、カイロ博物館の秘宝として訪れる人々を魅了している。

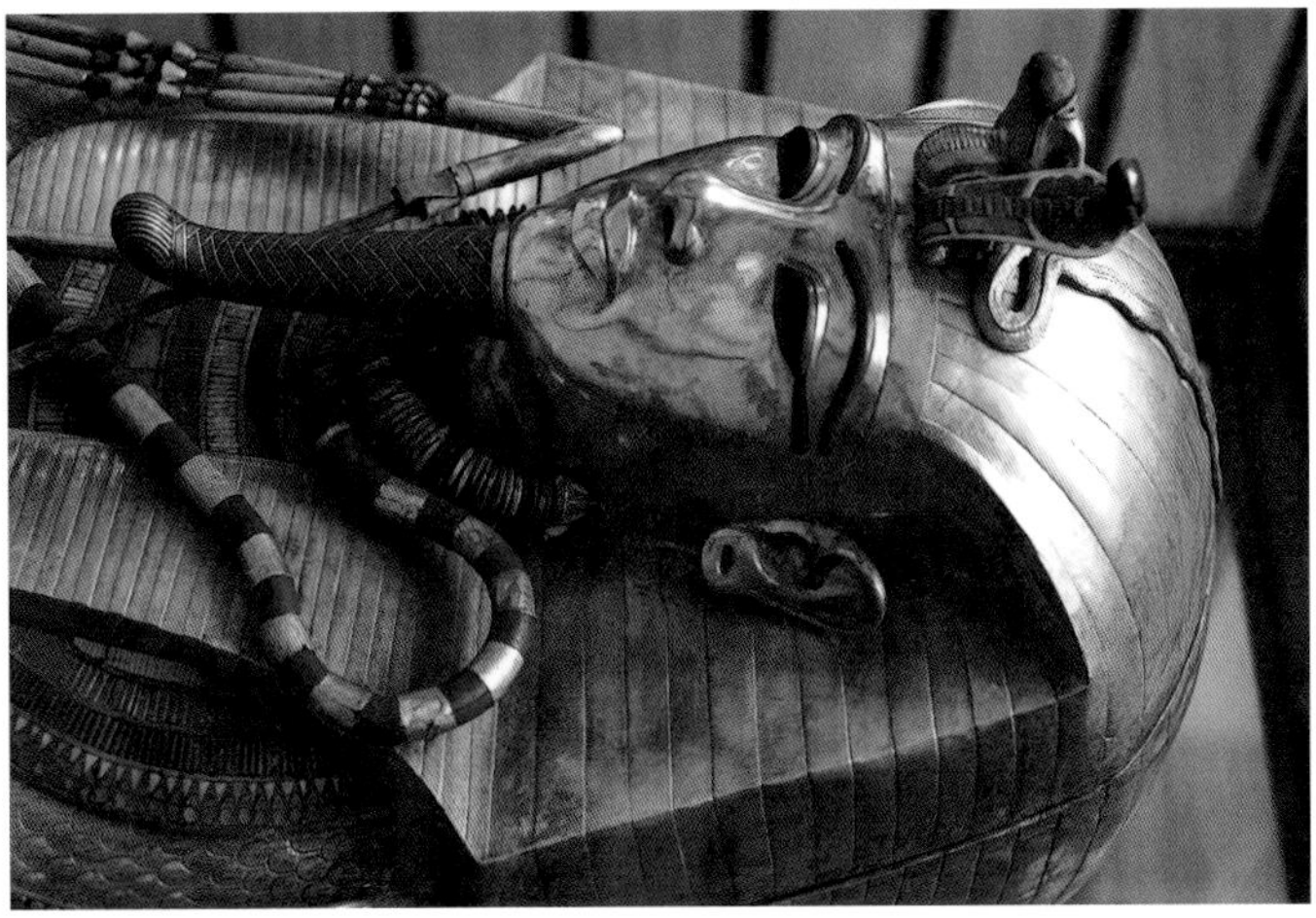

第3の王棺の頭の部分。第1、第2の王棺同様、頭部にネクベト、ウアジェトが彫り込まれている。

長さ187.5×幅51.3×高さ51cm。重さ110.4キロ

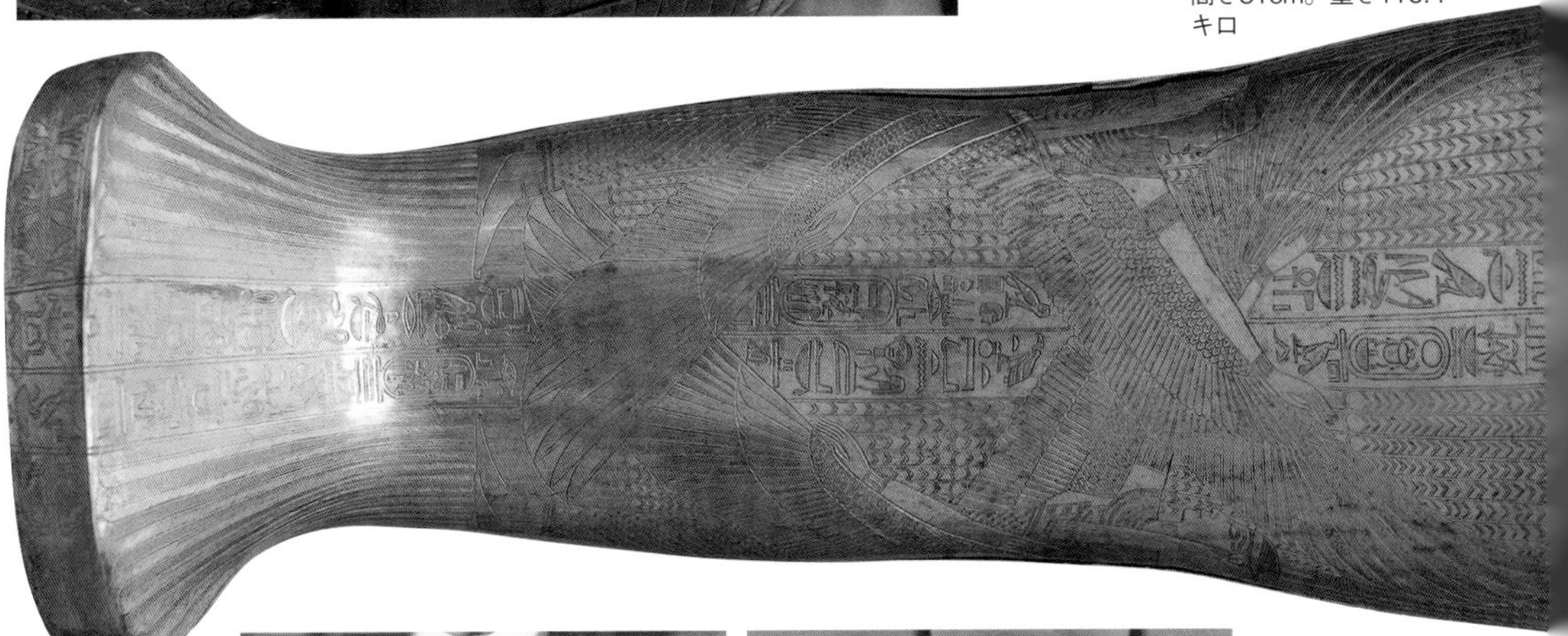

第3の王棺の足の裏面。羽を広げたイシス女神がミイラの足の部分を抱きしめるように彫り込まれている。

第3の王棺を頭頂から見た部分。

第2の王棺

第2の王棺の全景。発掘当時は、第1～第3の王棺が入れ子状態で、この木製金箔張りの寝台の上に置かれていた。

三重の入れ子の真ん中にあたり、第3の王棺と同じくオシリス神をかたどったリシ模様棺で、木製金張り。第3の王棺より28・5センチほど高い。ネメス頭巾その他の装飾は第3の王棺と基本的に同じだが、腹部に刻まれているのはネクベト女神とウアジェト女神の2体だけである。

厚い金箔を張り、切子ガラス、不透明ガラス、碧玉《へきぎょく》、ラピスラズリ、トルコ石（実はすべて色ガラス）などが象眼された豪華なもので、内部を覆っているリンネルの上にオリーヴ、ヤナギの葉、青いハス、ヤグルマギクなどで編んだ花飾りが献じられていた（84頁参照）。専門の花輪職人の手になると思われる美しい出来栄えのものである。この草花の状態からみて、王の埋葬は2～3月頃に行なわれたものと推定されている。

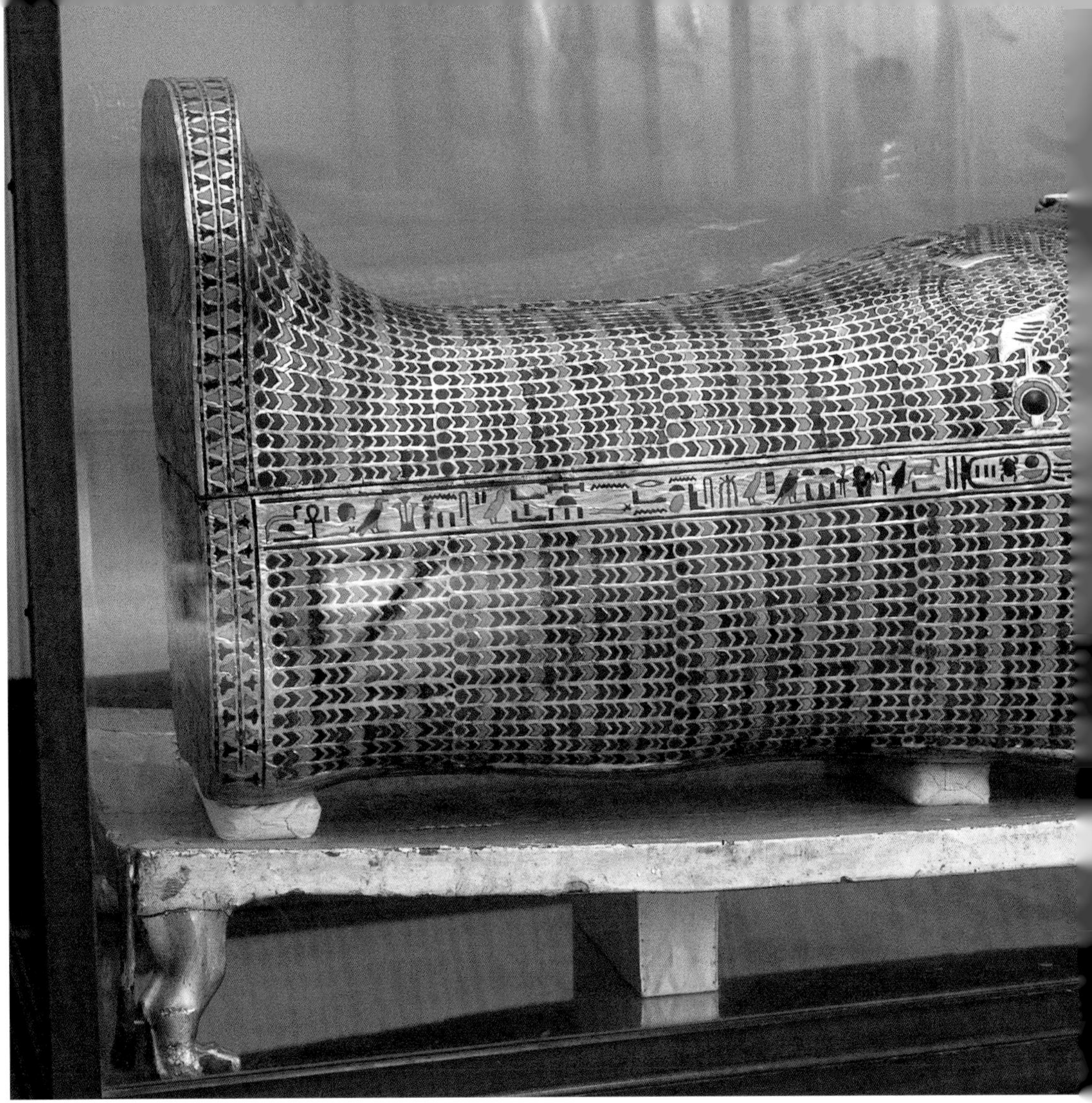

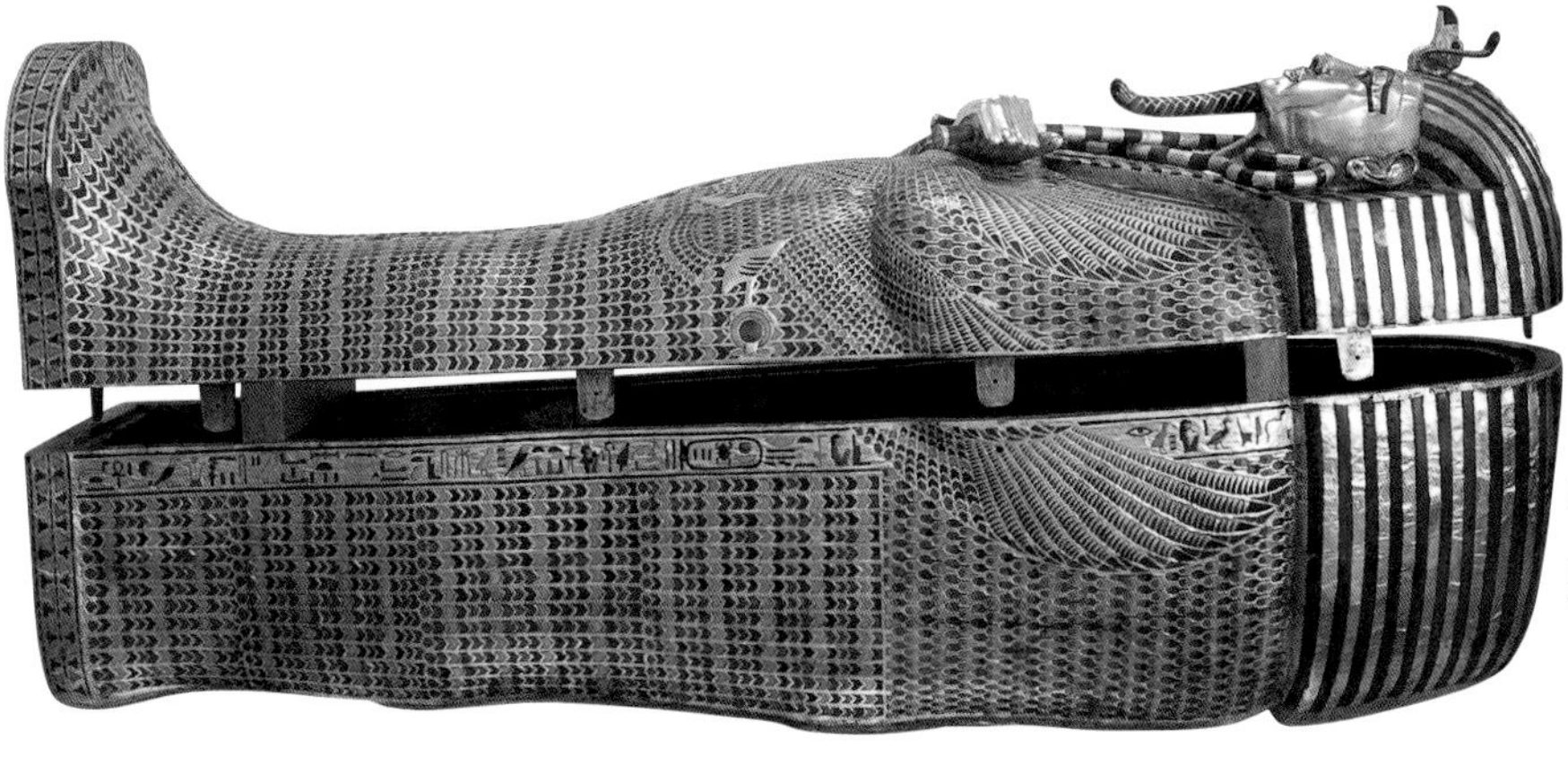

第2の王棺が開けられた状態。全長204×幅68×高さ79.5cm。

第1の王棺と石棺

第1の王棺は入れ子のいちばん外側のもので、リシ模様の木製金張り。装飾も、ネメス頭巾の代わりにカト頭巾をかぶっているほかは第3、第2にほぼ同じ。現在、王墓玄室内の石棺に納められ、中にはツタンカーメンのミイラが安置されている。

もともと三重の王棺とミイラを納めていたこの石棺は、赤色珪石の岩をくり抜いてつくられており、王にふさわしい美しく豪華なものである。四隅に浮き彫りされたイシス、ネフティス、ネイト、セルケトの4女神が、大きく翼を広げて棺を守護するように抱いている。なお、棺の色に合わせたバラ色の粗削りの花崗岩製の蓋が載せられていた

ツタンカーメンの第1の王棺（三重になっている棺のいちばん外側のもの）。木製金張り。王家の谷にあるツタンカーメン王墓内の玄室にある。

ツタンカーメンの王棺が入っていた石棺。赤色珪石製。現在、王のミイラはこの中に納められている。棺の色に合わせてバラ色の花崗岩の蓋が棺の上に置かれていた。縦2.74×横1.47×高さ1.47m。

イシス、ネフティス、ネイト、セルケト、4体の有翼女神が、石棺の四隅を抱擁するように彫り込まれている。

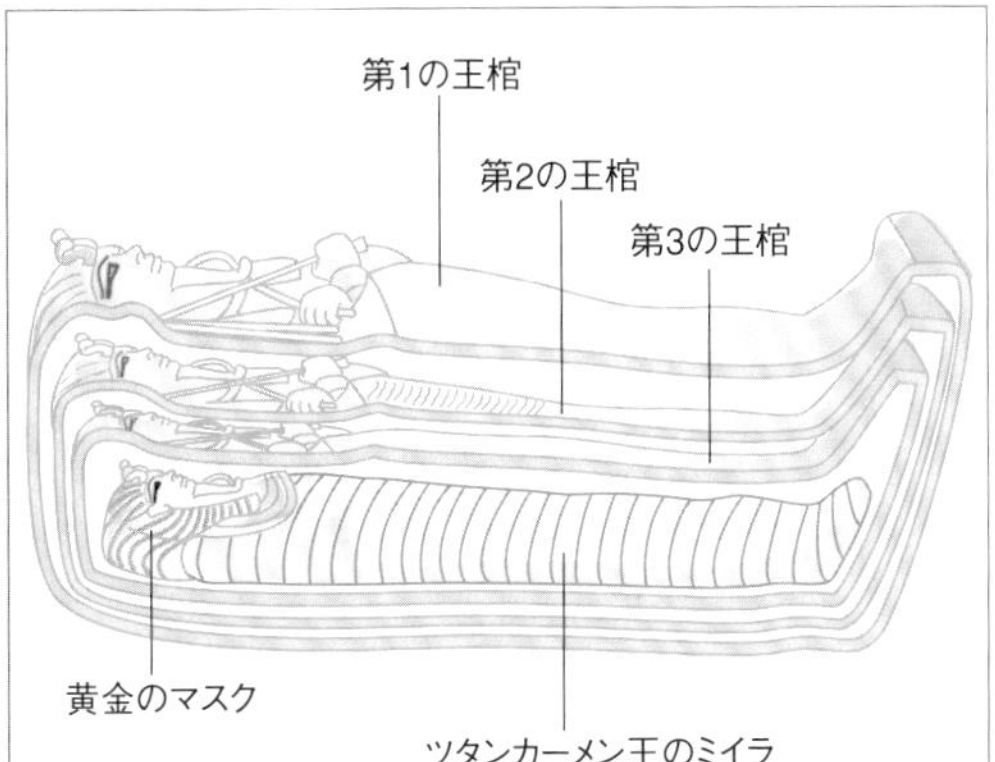

「入れ子」状になっているツタンカーメンの王棺

が、中央部にひびが入ったため、現在ではセメントで接合されている。

第1の王棺は発見されたときから足の部分の先端上部が鋭い刃物で切り落とされており、その部分にあたる木片が石棺の底部に残されていた。カーターは、この部分が高すぎて蓋を閉じられなかったため、埋葬時に職人がその場で切り落としたものであろうと推察している。切り取った跡には香油をたっぷりと塗り、傷跡をごまかしていたようである。今でもその部分に痕跡が残っており、埋葬時の小さな事件を生々しく伝えている。

COLUMN

「死者の書」について

古代エジプト人は、死は人間の生の終わりでなくて、来世にも現世と同じような場所があって、そこで生き続けられると考えていた。そこは彼らが暮らしているナイルの岸辺にとてもよく似ていた。遺体もミイラにして残しておけば、いったん離れた彼の魂や活力など、生前の彼の肉体にあったものも戻ってくるかもしれないと考えた。彼らはそうした目には見えない人間の部分を「バー」「カー」「アク」などと呼んでいた。

「来世に復活して、太陽の光の下にまた出られますように。暗い地下の国で動かずにいるのは嫌です。昔のように活力あふれた自分になって動き回れますように」。そんな気持ちをこめて、たくさんの呪文を作り、パピルスの巻物に書いてミイラのそばに置いた。これがのちに学者たちによって集められて「死者の書」と呼ばれるようになった。呪文は現在のところ２００ほど見つかっている。

来世に復活するためには、死者の国の王、大神オシリスの開く法廷で審判を受け、生前に悪いことをしなかった証として「声正しき者（マアア・ケルウ）」というしるしをもらわなければならなかった。そこで、ヒエログリフの知識のある神官たちは、呪文の中に死者の裁判で良い結果が得られるような言葉をたくさん盛り込んでパピルスの巻物を作成した。これらの呪文は、パピルスだけでなく副葬品や壁などにも絵やヒエログリフ文で記された。

ツタンカーメンの場合は、ミイラの棺を納めていた四重の厨子の内外パネルに最も多く描かれていて、「死者の書」は遺体の近くに置くのが効果的だという彼らの気持ちがよく表われている。「死ののちに死者の国に出入りし、美しき西方でアクとなり、日の下に現れ、自分の好みのあらゆる姿に変身して、生けるバーとして現れるため」の有名な呪文17や、「太陽神の聖船の行く手を阻む闇の象徴の大蛇アポピスを倒すため」の呪文１３４、「オシリスになったツタンカーメンがやってきたことを声高に告げる」呪文１３３などのほか、いちばん外側の厨子の内部には、死者にとって重要な呪文１４１、１４２が書かれた。そこには西方の神々の名前の一覧とその第一人者である大神オシリスがどんな神であるかを、名前につける修飾語を入れ替えて50ほど列挙して書かれている。ツタンカーメンは冥界の神々の名をすべて知っているぞとここで知らせているのだ。神々の名を知っていることこそが、来世での復活を保証される第一条件だった。（村治笙子）

※「死者の書」についての詳しいことは、「図説エジプトの死者の書」（河出書房新社）を参照。

第二章
玉座と厨子

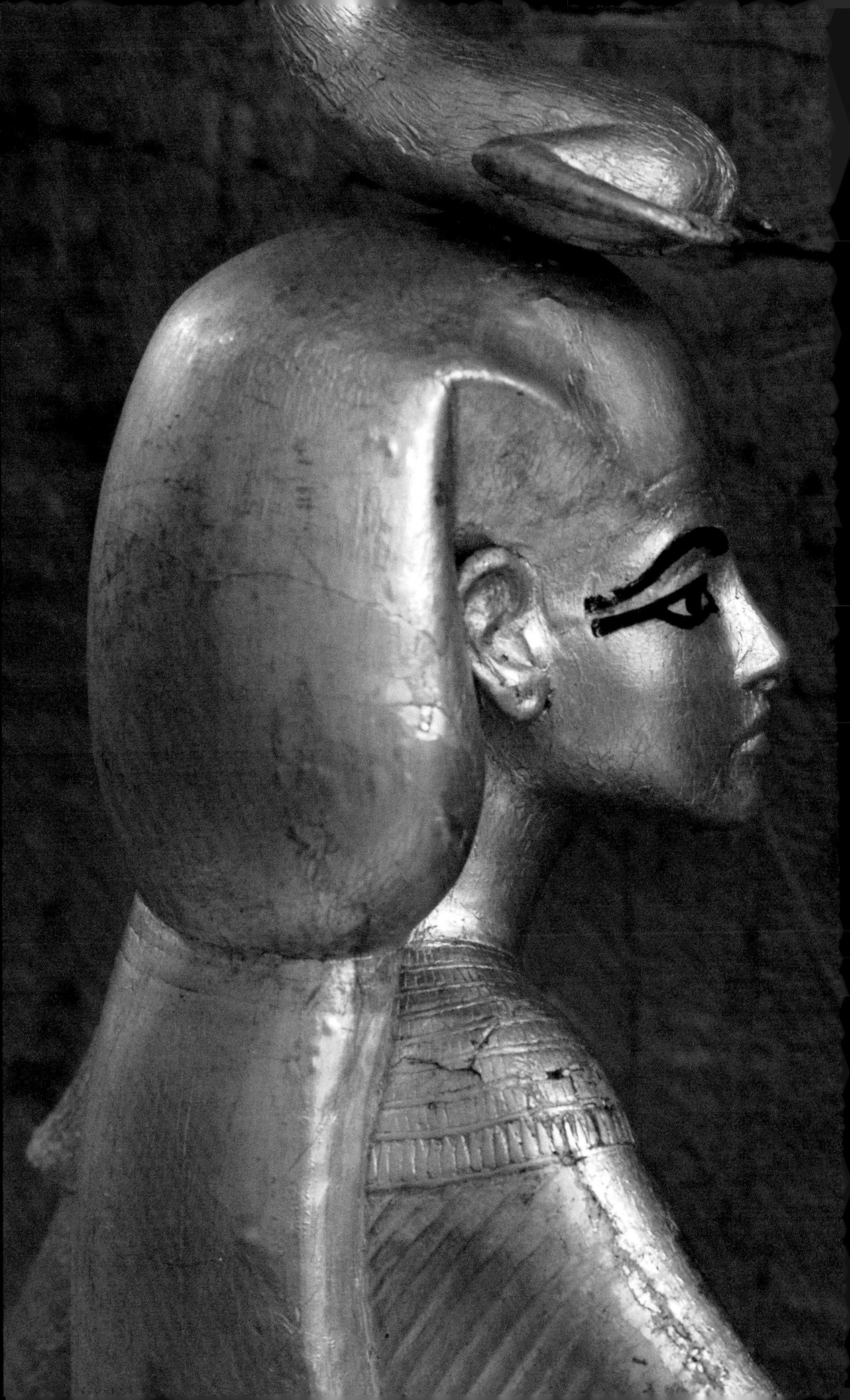

玉座

アメミット女神のベッドの下に置かれていた王の椅子で、高さ104センチ、木製金張りで、ガラス、ファイアンス、貴石で象眼されている。上部には黒い亜麻布がかけられていたという。

4本脚の木製肘掛け椅子は古王国時代、大ピラミッドで有名なクフ王の母后ヘテプヘレス（前2600年頃）の遺品中にすでに見られるが、それから1300年後にここまで豪華に洗練され、現代の工芸技術にも劣らないものが製作されていたことに驚かされる。

前側の2脚は猫足型で、座面との接合部分に厄除けとしてライオンの頭部が取り付けられている。両側の肘掛けには、王冠をいただき大きく羽を広げたヘビが描かれ、それぞれにツタンカーメンの二つの時代の王名（アテン神信仰時代のトゥト・アンク・アテン、アメン神信仰時代のトゥト・アンク・アメン）が刻まれている。

背もたれには、王宮の内部を示す聖蛇ウラエウスの装飾帯の下に、花に囲まれたツタンカーメン夫妻の姿が描かれている。片手を肘掛けに置いて座っている王の腕に、美しく着飾った妻、

王墓内前室から出土したツタンカーメンの玉座。木製の金箔張り。高さ104×幅53×奥行き64.5cm。

足台（足をのせる台）。弓を手にした捕虜たちが描かれている。捕虜を足で踏みつけるという意味があるといわれている。

玉座背面。背もたれ部分にコブラの模様がある。銘に「上下両エジプトの王、ネブ・ケペルウ・ラーの息子、トゥト・アンク・アメン、ヘリオポリスの支配者、その人にはラーのごとくに生命が与えられしなり。皇太子妃、恩寵偉大、人より愛されたる女性支配者、両国の女主人、アンク・エス・エン・アメン、彼女は永遠に生きる」とある。

玉座の肘掛け部分拡大。アテン神信仰時代の「トゥト・アンク・アテン」の名が見える。

ツタンカーメンのアメン神信仰改宗後の名前、「ネブ・ケペルウ・ラー」と記されている。

玉座の肘掛け部分。有翼女神の図柄が彫られている。

玉座背もたれ部分の拡大写真。玉座に座るツタンカーメンの腕に、妻のアンク・エス・エン・アメンが香油を塗っているところ。2人の頭上からは、太陽光線が降り注いでいる。あまねく太陽の恵みを施しているという、アマルナ様式でよく描かれるテーマが見られる。

アンク・エス・エン・アメン妃がやさしく香油を塗っている。2人の頭上にはアマルナ革命時代の太陽神アテンが描かれている。そこから生命を付与するという守護光線（線の先が人間の手の形になっている）を表わす12本の線が放射状に降りそそいでいるのが見える。

これまでに発見されたエジプト美術工芸作品のなかでも最高傑作の1つとされているのは異論のないところであろう。

ただ、前王アクエンアテンのアマルナ革命は失敗に終わり、アマルナ時代の遺物は破壊されてしまったとされているにもかかわらず、このアマルナ時代の特徴を示す椅子がツタンカーメンとともに埋葬されたのはなぜか、という謎が残る。謎を解く文献は何も残されていないが、発見時にかけられていたという黒い亜麻布があるいは謎を解く鍵なのかもしれない……。

王が法令を布告するときに使用した法座。木製金張り。足台と一対になっている。足台には、捕虜の図が描かれている。

木製の椅子。背もたれの部分にヘフ神と呼ばれる木彫の神像が刻まれている。

木製の椅子。ツタンカーメンが日常使用した椅子と伝えられている。

厨子

発掘当時、厨子は四重の入れ子状態で発見された。その4つすべてが木製金張り。この厨子の中に王の石棺、さらに王棺が納められていた。杉材の上に石膏が塗られ、その上から金が張ってあるというもの。

発掘時に玄室の壁を取り壊すと、室いっぱいに金箔地に青色で彩色を施した大きな厨子《ずし》が現われた。横637×奥行402センチ、高さ363センチの玄室に、高さ275×横508×奥行き328センチの黄金に輝く厨子がすっぽりと納められていたのである。そしてこの第1の厨子の内部には、さらに三つの厨子が第2、第3、第4と巧みに入れ子式に重ねられていた。

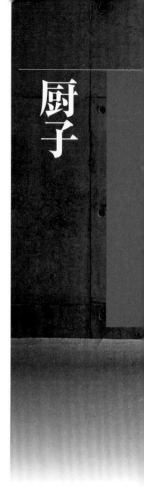

厨子はいずれも木製で内外壁とも金箔が張られ、『冥界の書』（30頁コラム参照）や『死者の書』（18頁コラム参照）から抜粋した呪文が刻まれ、美しい絵がレリーフで添えられている。上部には蓋があるが、底板はない。第1の厨子はセド祭（王位更新30年祭）用の南の聖所をかたどったもので、ペル・ウル型と呼ばれる。オシリス神の背骨を象徴するジェド柱の連続模様とイシス女神の腰ひもの結び目をつないだチェト模様が美しく彩色されており、扉のパネルには頭部を切り落とされた動物が描かれているが、これは外敵から王を守る役目をしているとされる。

第2、第3の厨子は同じくペル・ウル型であるが、いちばん内側の第4の厨子は、王が下エジプトの象徴である赤冠をつけて即位した宮殿に似せた祠堂の形をとったペル・ヌウ型である。第2の厨子の側面にはヒエログリフ（聖刻文字。42頁コラム参照）を暗号化したクリプトグラフィという特殊な書き方が使われているが、なぜこのような表現をとったのか専門家の間でも謎とされている。

この4つの厨子は現在カイロ博物館2階の北側通廊に公開されている。

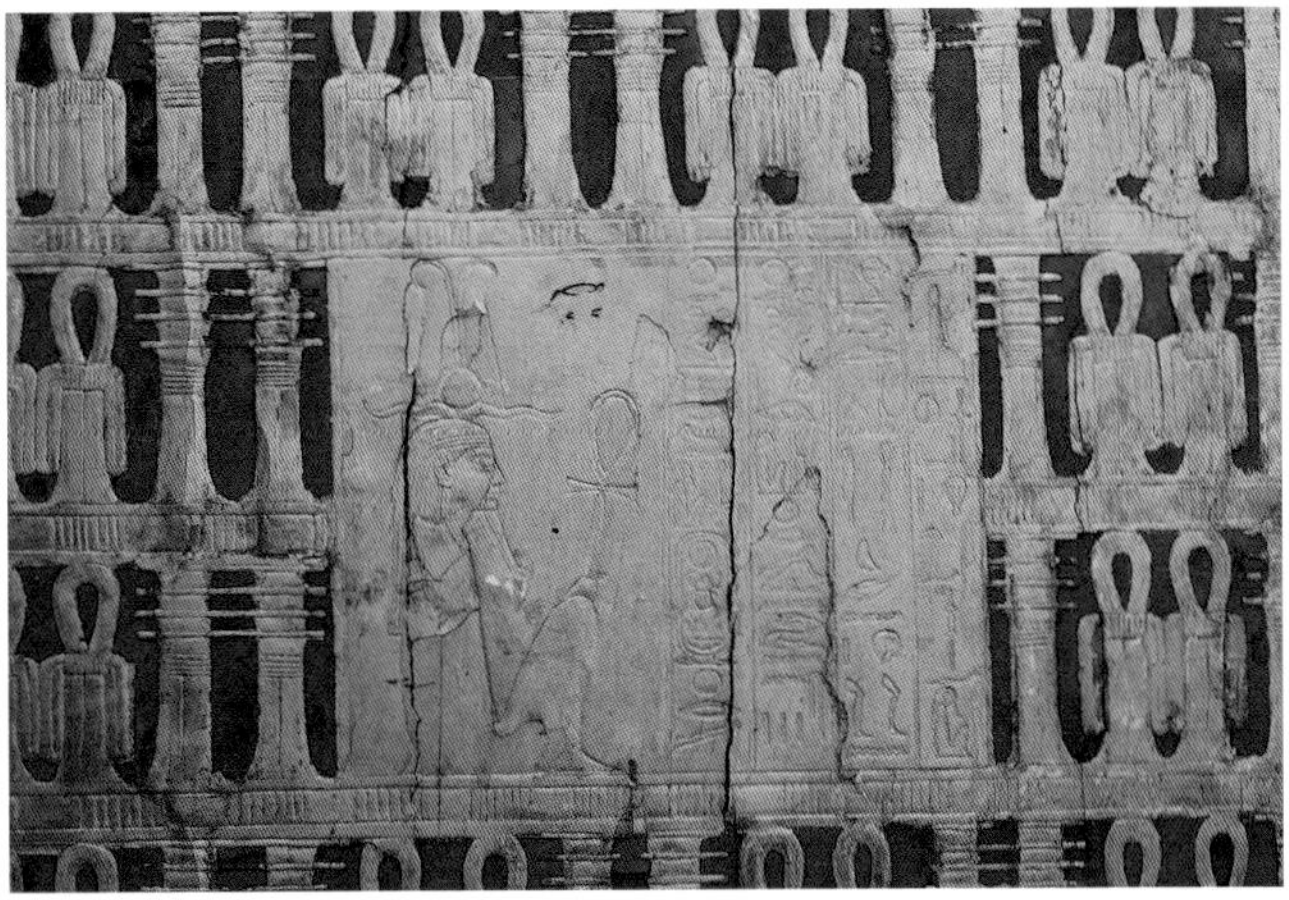

第1の厨子（いちばん外側の厨子）の壁面に描かれた模様は、イシス女神の腰ひもとジェド柱をデザイン化したもの。長さ508×幅328×高さ275cm。

第2の厨子の背面。木製金張り。

第2の厨子の図柄。うつぶせになった死者が太陽からエネルギーをもらっている様子。この場面では太陽神が死者に立ち上がるよううながしている。

第2の厨子の背面の図柄の右側。いずれも王が死後の世界を生きていくための励ましの、葬祭儀式の言葉が記されている。「ミイラの開口の儀式」として「死者の書」に記載されている。

第1の厨子。両扉が開いた状態。

第2の厨子。オシリスの前に立つツタンカーメン。

第3の厨子。右側の扉に「冥界の番人」が描かれている。

第2の厨子の右側面に描かれた太陽神が冥界に下る場面。胴体と頭が分離している奇妙な図柄。太陽神のエネルギーが人体に入るところを表わしているという。

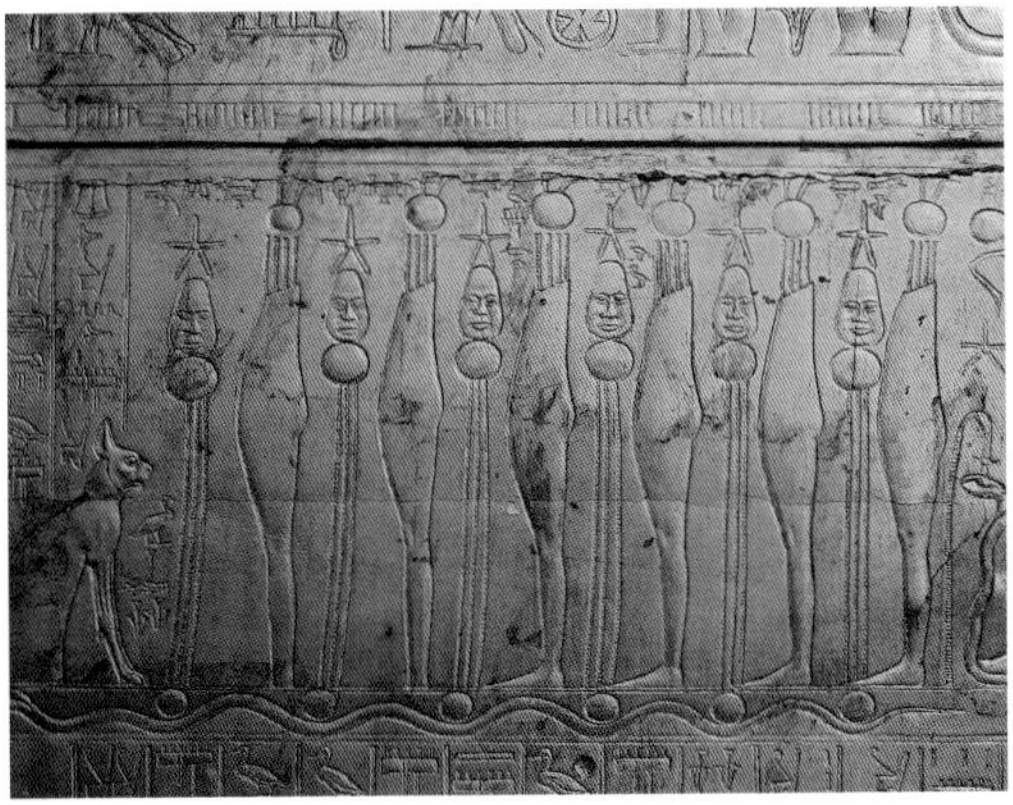

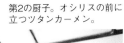

カノプス厨子

古代エジプトではミイラをつくる際、心臓以外の内臓を取り出し、４つに分けて別々に保存した。その内臓を収める容器をカノプス壺という。

王の内臓はそれぞれ香油に浸けて小型棺（ミイラ棺のミニチュア）に入れたうえ、まずカノプス壺に収め、それらをさらに４つに区切られたカノプス櫃《ひつ》の決まった位置に安置し、最後にカノプス厨子で覆う。ちなみに、内臓はそれぞれホルス神の４人の息子に守られ、さらに４人の女神を守護神としている。肝臓はイムセティにイシス女神、肺はハピにネフティス女神、胃はドゥアムテフにネイト女神、腸はケベフセヌエフにセルケト女神である。

ツタンカーメンのカノプス厨子は高さ約２００センチ、幅１２５センチ、奥行き１５３センチの木製金張りで、天蓋には聖蛇ウラエウスをかたどった装飾が連続して並べられている。側面

王の内臓を収納したカノプス厨子。木製金張り。4人の女神に囲まれている。王墓内宝物室から発見された。厨子の上部に蛇腹式の装飾が施されている。高さ198×長さ153×幅122cm。

カノプス箱の側面を拡大。箱上部には、有翼の日輪が描かれている。また、セルケト女神など4人の女神が手を広げ、臓器を保護しているように彫り込まれている。

の4面はそれぞれ1人ずつ、4人の守護女神の像がまるで中身の内臓を包み込むように手を広げて立っている。さらに厨子の壁面にも美しい女神の姿が刻まれていて、ツタンカーメン王墓出土品の中でも第一級の副葬品の1つに数えられている。なお、厨子に納められた櫃と壺はアラバスター製である（55頁）。ただ、壺の蓋となっている人頭像は少年王に似ていないので、ほかの王のものを流用したのではないか、と疑問視する専門家もいることを付け加えておこう。

厨子を囲む女神は、イシス（南西を向いている）、ネフティス（北西）、ネイト（南東）、セルケト（北東）。女神の目の前には神像とヒエログリフが描かれている。これはセルケト。木製金張り。アマルナ美術の1つの到達点。

カノプス箱の蓋。人の顔を模してつくられているが、いずれもツタンカーメンには似ていないという。高さ85.5×幅54cm。

金張りのカノプス厨子の内部に納められているカノプス箱。アラバスターに金箔を張ったもの。この中に防腐処置をされた胃、腸、肝臓、肺臓が納められている。肝臓に対してはイムセティ、イシス女神、肺臓にはハピとネフティス女神、胃にはドゥアムテフとネイト女神、腸にはケベフセヌエフとセルケト女神が守護したという。

COLUMN

「冥界の書」について

太陽信仰の国、古代エジプトにはいたるところに太陽神の姿が見られる。日本のように八百万の神々がいたが、国家の祭祀は、とくにこの太陽神を中心に行なわれた。農業国のエジプトでは、太陽の恩恵は何ものにも代えがたい。ナイルの増水の神ハピも重要ではあったが、力強い権力と結びつくのはやはり太陽がふさわしかった。彼らは、太陽の性質をあらゆる角度から観察した。それをわからせてくれるのが、新王国時代の王たちが「王家の谷」に残した現代人が見ると奇妙ともいえる墓の壁画だ。

墓はひとつの宇宙空間、そこには太陽も月も星々もある。大地も天もある。死者たちの住む冥界を常に支配するのは大神オシリスだが、闇の冥界を照らすのはやはり地上と同じく太陽。太陽神は、冥界の住民たちに大歓迎される。彼がどんなふうに冥界にやって来るかちょっと見てみよう。古代エジプト人にとっての交通手段は船。冥界にも大河があり、彼らは「天《てん》の川」と呼んでいた。天は女神ヌトの身体そのものだったので、太陽神は聖船に乗って進んでいった。昼は昼の船、冥界へ下るときは夜の船に乗り換えて、オシリス一族のもとにやってきた。危険な闇を航行するのに、たくさんの神々が彼を守護した。太陽神は、航行中は雄羊の頭をもつ人物像として描かれた。聖船の中央の、大きな蛇メヘンが守る厨子の中に立っている。エジプト人は誰でも、この聖船に同乗させてもらうことを願った。そうすれば24時間を通して太陽の恩恵にあずかれる。

さて、この太陽の航行や朝の復活を絵や文で描いたものがある。冥界を描く宗教文書「門の書」「洞穴の書」「大地の書」「昼の書・夜の書」などで、内容のテーマにふさわしい名がつけられている。夜の12時間を12の領域に分けていて、12の門を扱ったものや、太陽が大地から復活していく様子、天のヌトの身体を進むものなどがある。冥界は古代エジプト語で「ドゥアト」と呼ばれ、冥界に住む者たちを描いた「アム・ドゥアト」がその代表として「冥界の書」と呼ばれている。

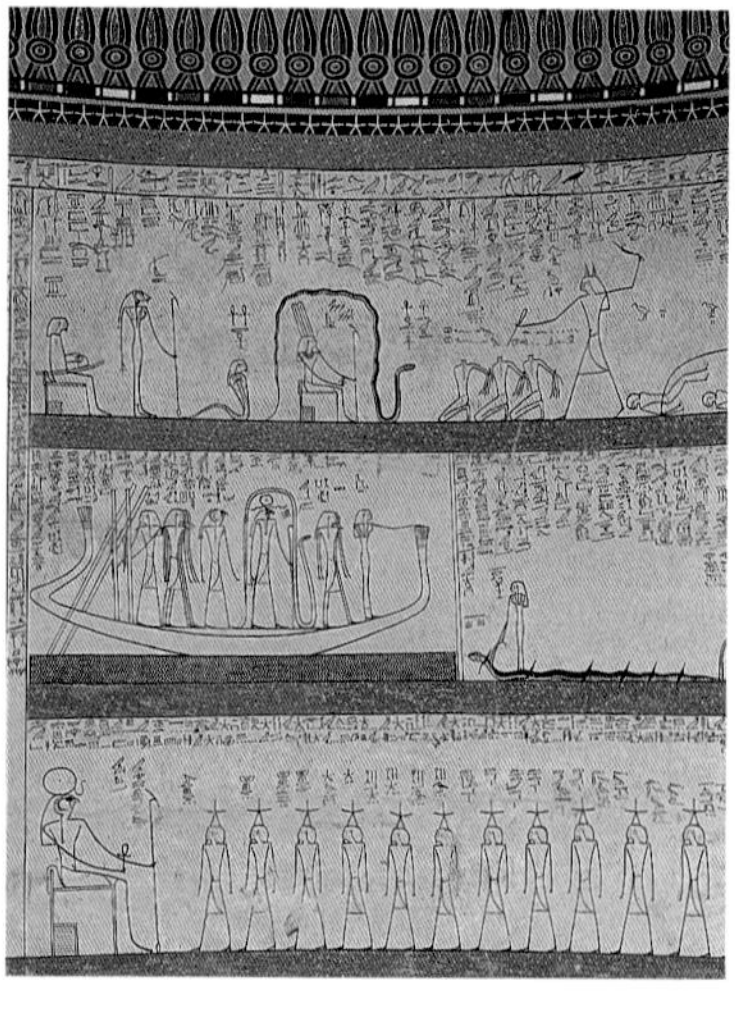

ツタンカーメンの第3の厨子の外板に、この「冥界の書」の第2と第6の領域が描かれている。ほかの王たちのように広い壁画のスペースを持てなかった彼だが、これを埋め合わせるに十分な壁画をここに持つことができた。太陽神が雄羊からスカラベ甲虫に変容していく姿は奇妙であるが、ちょっとした見ものだと思う。

（村治笙子）

第三章
王の肖像、動物たち、玄室

王の肖像

エジプトの青スイレンの花の台座にのせられた王の頭部。木製。来世で復活再生を祈願したもの。高さ30cm。

古代エジプトの美術作品は大きく絵画と彫像に分けられるが、「ツタンカーメン時代の美術」（106頁参照）でも説明するように、絵画は作画上の規範に縛られて写実的な表現は生まれなかった。しかし、彫像にはすぐれた写実的な作品が各時代に残されている。

たとえば、カイロ博物館蔵のサッカラ出土、第5王朝時代の神官長カーアペル像の木彫も評価の高い作品だが、これは発掘現場近くの村の村長によく似ていたので、「村長像」の愛称で呼ばれている。それほどに写実的なのである。同じくカイロ博物館蔵の第4王朝スネフル王の息子夫妻、ラヘテプとノフレトの像もすばらしい。

余談だが、女優の杉村春子さんがかつてカイロを訪れた際にこれを見て、その美しさに魅せられ絶賛していた。私のカラー写真パネルをお贈りしようと思っていたら、残念ながら果たさぬうちに亡くなられてしまった。

ツタンカーメン王墓からも前室、玄室、宝物室あわせて35体の木彫作品が発見されているが、祭儀に使用された王の像が多い。たとえば、ヘリオポリス神話の9神のなかで、兄のオシリス神に危害を加えたセト神へ復讐するため、ホルス神と化したツタンカーメンがカバの姿をしたセト神を槍で突き刺している対になった神像がある。

一方、そうした神話に出てくるような呪術的な意味をもつ王

宝物室から発見された木製の小箱の側面に描かれた王夫妻のレリーフ。

ツタンカーメンの日常生活に使われたマネキン人形の頭部。木製。高さ76.5cm。王の生前の表情を彷彿とさせるといわれている。

ウシャプティ（来世で王に仕えて労働する者）の頭部。木製金張り。王の生前の面影を有していると伝えられる。

の像だけでなく、王の日常をしのばせる、宗教にまったく関係のない像も出土している。ツタンカーメンは、なかなかおしゃれな若者であったらしい。というのは、なんとマネキン人形を王宮の自室に置いておき、衣装を選ぶときに着せていたようなのだ。この写実的に彫られたマネキン人形の顔は、王の顔を正確に写したものとされているのである。外出のたびごとに人形にあれこれ好みの服を着せ、ためつすがめつしている少年王を想像するのは楽しい。

楯に浮かし細工で描かれた王の像。同様のものが計8枚、付属室で発見された。木製金張り。杖を手に椅子に腰掛けている。高さ90cm。

楯に浮かし細工で描かれた王の像。王がライオンの姿となって敵を踏みつけている。

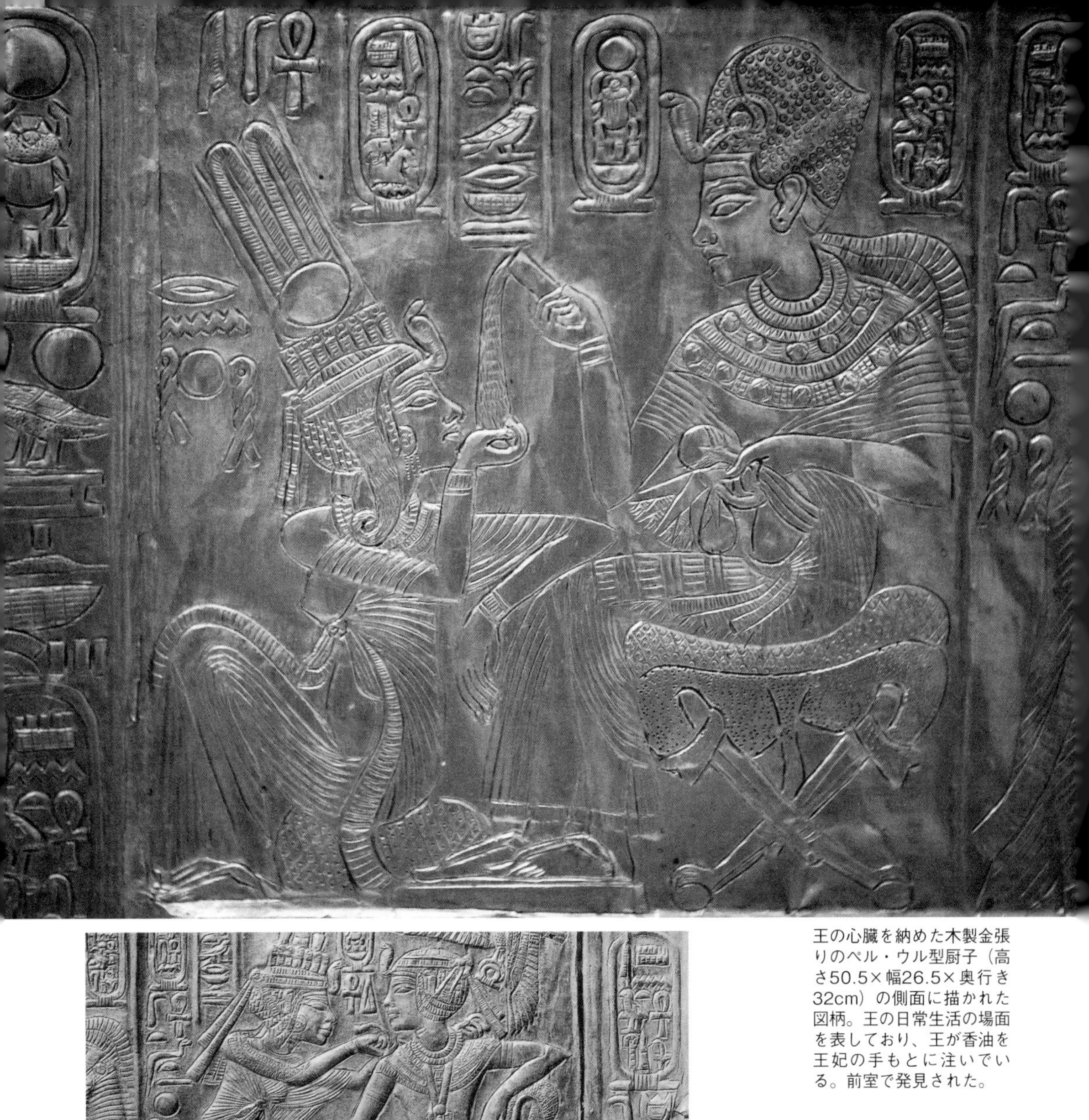

王の心臓を納めた木製金張りのペル・ウル型厨子（高さ50.5×幅26.5×奥行き32cm）の側面に描かれた図柄。王の日常生活の場面を表しており、王が香油を王妃の手もとに注いでいる。前室で発見された。

王の心臓を納めた木製金張りのペル・ウル型厨子の側面に描かれた図柄。王妃が王に香油を塗りつけている。

ホルス神と化した王が、セト神であるカバを銛（もり）で突き刺している。木製金張り。宝物室で22体が出土した。

白冠（上エジプトの象徴）をかぶり、右手に穀竿、左手に王杖を手にして歩くツタンカーメン。宝物室で出土。

メンケレト神にかつがれたツタンカーメン像。木製金張り。宝物室で出土。

白冠をかぶり、左手に王杖を持つツタンカーメン。

王墓内玄室入口の両側を守る番人を模してつくられた王像。2体発見されている。王杖を手に持ち、サンダルを履いている。全身が黒い樹脂で塗られ、部分的に金張り加工が施されている。黒は国土の豊穣・再生を象徴した色。高さ173×肩幅46cm。

動物たち

古代エジプトの装飾品には、動物をモチーフにしたものが数多く見られる。それらは当時の宗教観の影響もあり、神々に見立てられたものが多い。イギリスのある考古学者によると、古代エジプトの神々の数は２０００を超える数にのぼるともいわれている。ナイル河のほとりの風土、気候など日常の営みのなかで接する自然現象を、人間に益不益をもたらす神の存在として認識されるようになったのである。

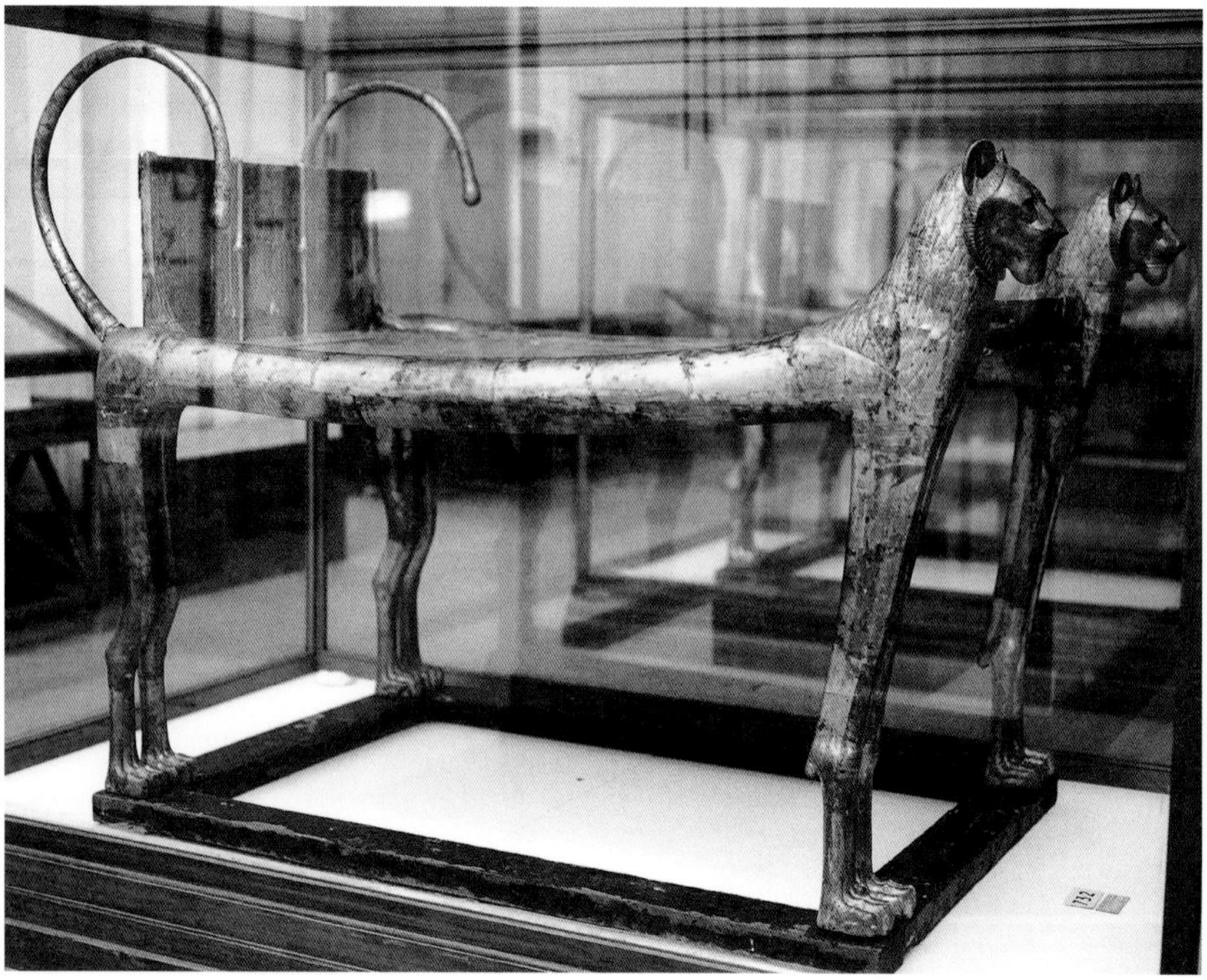

祭儀用寝台。前室で発見された3つのうちの1つ。ツタンカーメンが冥界へ行くための象徴的な意味があり、実際にここでミイラ処理をしたともいわれている。長さ180×幅91×156cm。

祭儀用寝台のライオンのモチーフ。両眼は水晶。青色ガラスで涙の滴が表現されている。

3つあるうちの2つ目の祭儀用寝台のモチーフ。雌牛の頭部。メヘト・ウルト（大いなる洪水）の姿といわれている。３弁模様が施されている。

3つ目の祭儀用のモチーフ。「むさぼり食う者」という意味のアメミト女神を表わしている。想像上の動物で、ワニの尾とネコ科の動物の足を持っている。

ホルス神の像（部分）。ホルス神は、太陽神の化身とされている。

アヌビス神。山犬の化身が寝そべっている様子。カノプス容器の箱を守る役割がある。

王冠。ウアジェト女神（コブラ。下エジプトの象徴）、ネクベト女神（ハゲワシ。上エジプトの象徴）を表わす。両者があることで全エジプトを統一したことを意味している。

ムト女神。アメン神の妻。ムト神殿で数多く発見されている。

雌牛の頭部。牛の神には、雄牛と雌牛がある。雄牛は、神殿に犠牲として捧げられたあと、食用に供された。雌牛は犠牲にされたあとで捨てられた。金箔が施されている。

玄室

玄室西壁には、12匹の聖なるヒヒが並ぶ場面が描かれている。ヒヒは、夜の航海に出発する太陽神のために、西の地平線にある冥界への門を開く役割を演じている。壁画の上部には、復活の象徴する虫ケペル（＝スカラベ、タマオシコガネ）を乗せた聖船、神々（マアト女神、聖船の女主人、ホルス神、シュウ神のカー、ネヘス神）の行列が描かれている。

玄室南壁には、西方の女神ハトホルによって冥界に迎え入れられる、カト頭巾をかぶったツタンカーメン。王の後ろには、山犬の頭を持ったアヌビス神が立つ。この続きの画面には、イシス女神ほか3体の神々が描かれていたが、発掘当時、玄室に入る工事の際、崩されてしまった。王墓を撮影したハリー・バートンの写真が唯一、当時の状況を残している。

ツタンカーメンの王墓は、入口から始まる計14メートルほどの石段と下降通廊、前室、玄室、宝物室、副室からなる小型の墓で、2000点近い副葬品を納めた墓にしては非常に小規模なものである。「王家の谷」には、入口から玄室までが100メートル以上もある大型の墓も少なくない。ツタンカーメンの死が突然であったため、誰か王でない人物の墓をあわてて流用したのではないかといわれている。

いちばん重要な、王のミイラを納める玄室は東西約640センチ、南北約40

玄室東壁の壁画には、王の葬列が横長に描かれている。オシリス神をかたどったミイラを納めた王棺が、縦長の厨子に納められ、それを橇に乗せ、廷臣たちが綱で引いている。厨子の上部にはコブラの連続模様、その下には花の連続模様が見られる。厨子の前後には、喪に服する女神ネフティス、イシス。廷臣の行列の上には、ヒエログリフで「王家の廷臣たちは、オシリスなるツタンカーメンとともに、行列をなして西方へ行く。廷臣たちは声を張り上げていう。ああ、王よ、安らかに行け。ああ、神よ、国土の守護者よ」と記されている。

玄室北壁の壁画には、3つの場面が描かれている。①右から、ツタンカーメンのあとに即位した王アイ。青冠をかぶり、肩に毛皮をかけた神官の姿をしている。死後ツタンカーメンが復活可能であることを祈る儀式を行なっている。この儀式を行なうことで、ツタンカーメンの後継者であることを誇示している。②かつらと鉢巻き、白いキルトの着物をつけた王が左手にアンク（生命の象徴）と王杖と棍棒を持っている。王は、健康と生命を天界のヌト女神に吹き込まれている。③王の左手に立つカー（霊魂の意）に伴われた王が、冥界の最高神オシリスに冥界へ迎え入れられている。

3センチで、壁画の地色は黄金を示す黄色で塗られている。この狭い部屋に、入れ子式にミイラ、三重の王棺、石棺、そしてそれを守る四重の厨子が部屋いっぱいに納められていた。最も外側の厨子と壁・天井の間にはわずかの間隔しかないけのものを狭い空間の中で順序よく組み立てるには、優秀な職人たちが遺憾なく腕をふるう必要があったに違いない。しかし、厨子の材料に書き込まれた方位の指示を間違えて組んでおり、西にあるべき扉が東向きに、側面の鏡板も逆位置になってしまっている。そのうえ組み立てのとき、接合部分を調整したために生じた木屑などが掃除もされないまま残されていたという。

（82頁参照）。これだ

COLUMN

「ヒエログリフ」とは何か

古代エジプトのものが不思議な美しさに印象づけられるとしたら、それは形や細工の繊細さと別のところにある独特の描き方をした王や神々の姿だろう。魔法をかけられたように動作は止まっているが、ちょっと前まで動いていたように生き生きしている。こま送りのように時間のながれにそって描かれたりすることもあるのがわかるだろうか。一見、漫画のようでもある。とくに王や神々の1つ1つの動作に意味があって、絵で見てわかるようになっている。古代エジプト人は、神々に向けて絵でコミュニケーションをとる努力をしたようだ。

さて、その絵の周りに、これもほとんど事物をそのままかたどった絵のような文字が刻まれている。これがヒエログリフだ。ヒエログリフはギリシア語の「聖なる刻み文字」の意。古代人は「神の言葉（メドウ・ネチェル）」と呼んでいた。物をかたどった象形文字といえば、漢字に慣れ親しんだ我々にはわかりやすい。古典時代からの長い解読史を経たのち、この文字が音と意味を併せ持った文字なのだと判明してから、解読は一気に進み、いまでは多くの文章も読めるようになった。

1つの文字がいくつもの音をもっていたり、1つの単語の中に同じ音を持つ別の文字を入れても重複させず1つの音だけで読ませたりするので、一見複雑にみえる。子音だけで母音がないので声に出して発音できない。そんなヒエログリフだが、文字を考案し工夫した書記（神官）をほめ賛えたいと思うことがある。それは限定詞とか決定詞とよばれる文字の存在である。ある単語を書いたとき最後にこの文字が添えてあることで、単語がどんなジャンルに属するものなのか見当がつく。アラン・ガーディナーという人が人間、動植物、天体、道具などおおまかな分類表（サインリスト）を作ってくれたので、句読点なく羅列されたヒエログリフ文を単語に区切るときにとても便利。

ここにある絵は、有名なオシリス裁判。冥界へ行った死者が心臓をはかりにかけられて裁かれているところを、トト神が記録している場面だ。画面左側にヒエログリフが縦書きされている。ヒエログリフ文の最大の特徴は、左右どちらの方向にも書けて、縦書きも横書きもできることだ。現代エジプトのアラビア語同様に、装飾性に富んだ文字だといえるかもしれない。

（村治笙子）

第四章
装飾品、日用品

装身具

スカラベをあしらった胸飾り。上部の赤い丸が日輪（ラー）、真ん中がスカラベ（ケペル）、下部の水色の楕円（ネブ）があるが、この3つで王の名前を表わしている。

ツタンカーメンの遺体が身につけていた装身具は計１４３点におよび、遺体の頭部から脚部まで全身にわたってつけられていた。ミイラを包んだ布の内部をはじめ、１０１のグループに分けて整理されている。胸飾り、ペンダント、耳飾り、指輪、腕輪など、そのほとんどが金製品である。

これらは、私たち現代人がおしゃれのために身につけるものとは違い、宗教を背景としたもので、王の死後の至福を祈願するための「実用品」であった。「アクセサリー」ではなく、「護符」と呼ぶべきものなのである。それは、これら装身具＝護符のモチーフが神々（とそれに準ずるもの）であるのを見ればわかる。オシリス神、プタハ神、イシス女神、ネフティス女神、ジェド柱、ヘフ、ネクベト（ハゲワシ）、ウラエウス蛇（聖蛇）、スカラベ、ヒヒ、ライオン、ウジャトの眼（ホルスの聖なる目）……などが繰り返し現われる。

現代の私たちは、古代エジプトの装身具もアクセサリーとして、あるいは純粋に美的鑑賞の対象として見てしまいがちで、それはけっして悪いことではないが、それだけではやはり本当に理解したとはいえない。とはいえ、宗

胸飾り。王名が真ん中に配され、両横にヒヒのデザインが見られる。

胸飾り。両横にウラエウス蛇のシンメトリックなデザインが見える。やはり王の名を象徴している。下の部分に5つのロータス模様が配されている。

3個のスカラベを扱った胸飾り。やはり王の名前を象徴している。いちばん下部のスカラベの両横に、ウラエウス蛇がシンメトリックに配されている。

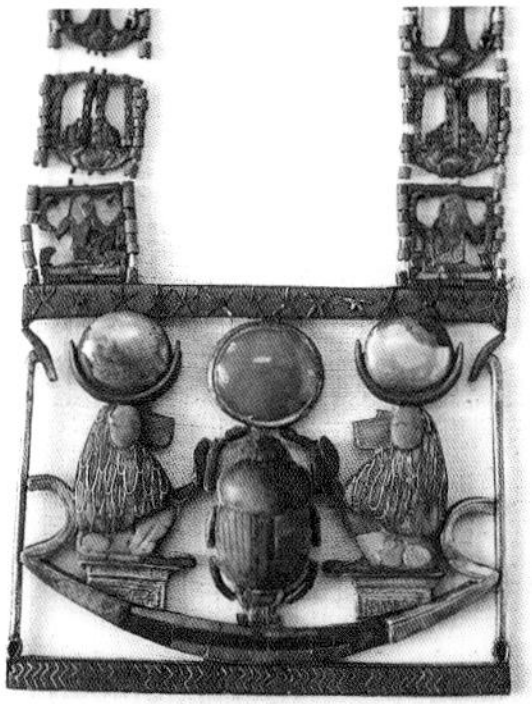

胸飾り。太陽神の下に3個のスカラベ、さらにその下にロータスの模様を配したもの。

胸飾り。太陽の聖船、魔除けであるウジャトのほか、ウラエウス蛇、ロータスの模様があしらわれている。

胸飾り。スカラベを中心にして、それを支えるように、向かって右手に女神イシス、左手に女神ネフティスがシンメトリックに配されている。周囲には、王宮の装飾をあしらった模様が見られる。

胸飾り。有翼の太陽が両翼を広げ、スカラベを保護している。その下にイシス女神とネフティス女神がシンメトリックに配されている。

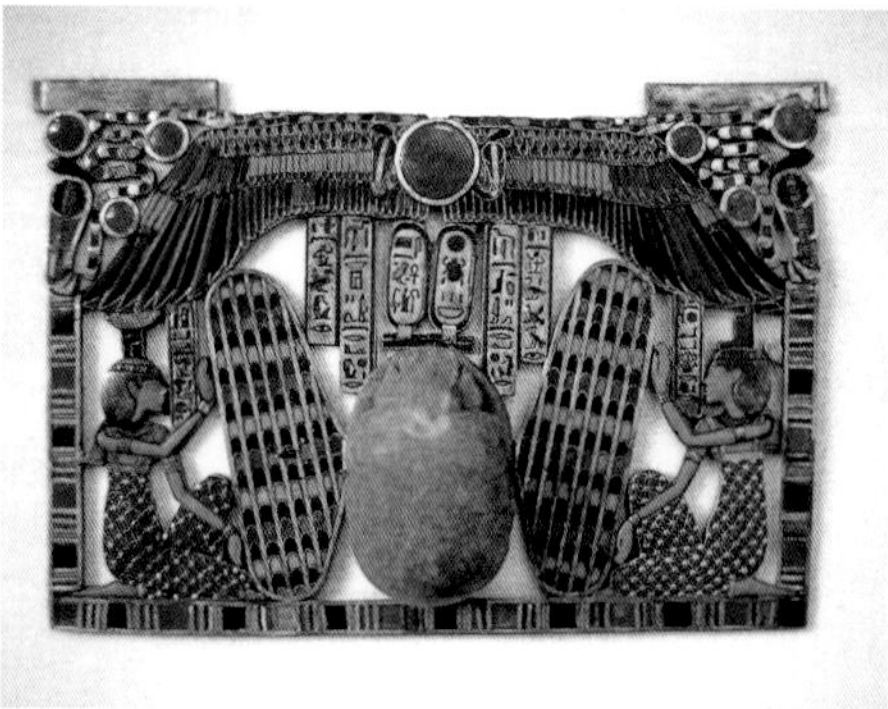

中央のスカラベの上に「ネブ・ケペルウ・ラー、ティト・ラー」の王名があり、周囲に王宮の装飾があしらわれている。

胸飾り。ウジャトの眼を頭上にいただいた2神が、スカラベを支えている。

教的背景を説きおこし、さらにそれを踏まえて図像学的に論ずるとなれば、1冊の本ではとても足りないだろう。本書では、3300年前の職人たちが亡き王に捧げた「美」のハイライトを図版として紹介するにとどめておきたい。

胸飾り。スカラベを中心に、向かって左手にジェド柱（オシリス神の背骨を象徴したもの）、右手に魔除けの護符が配されている。

胸飾り。中心に羽を広げたヌトの姿と名前が刻まれている。上部に「ツタンカーメン」、「ネブ・ケペルウ・ラー」と記されている。

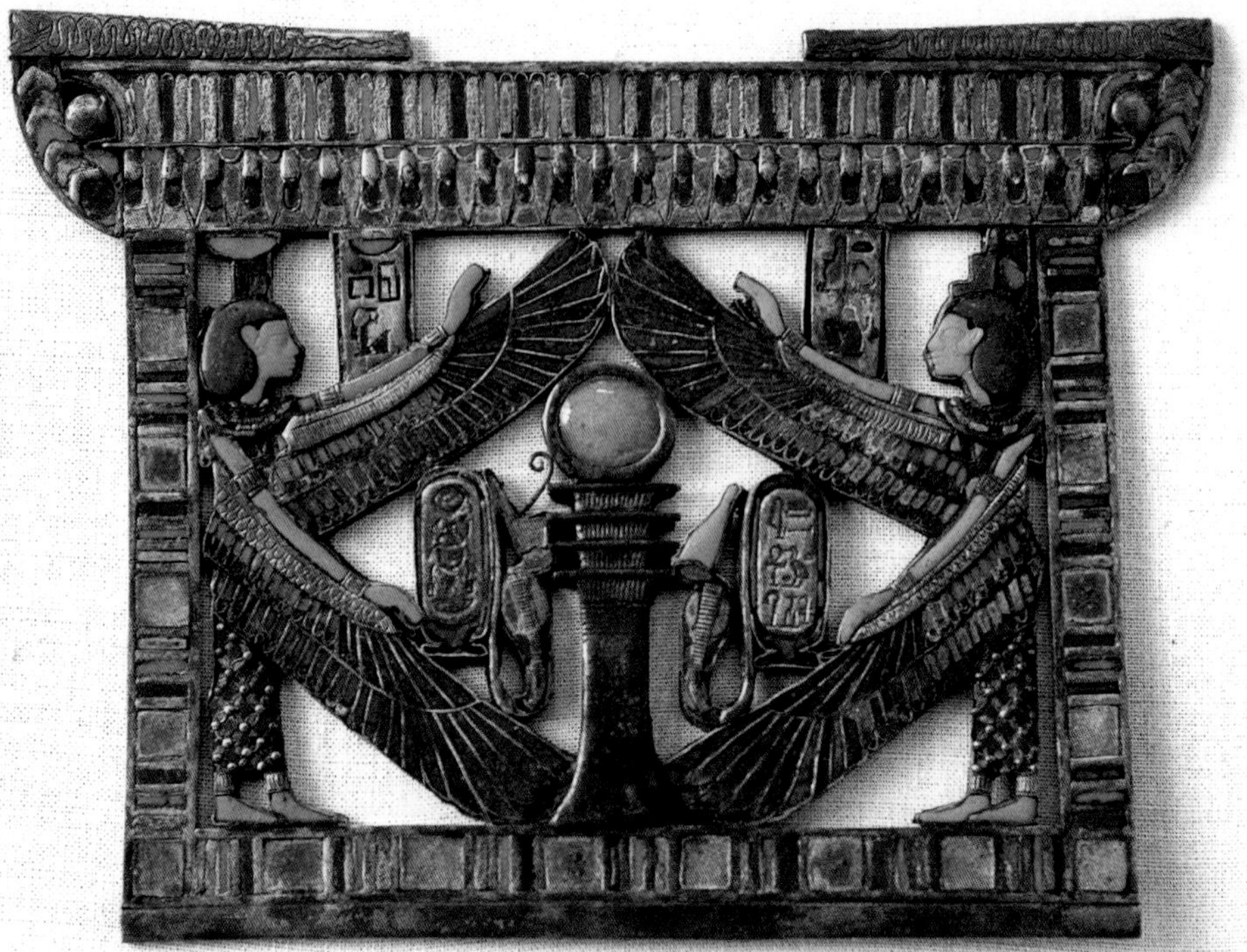

胸飾り。太陽神、ジェド柱を中心に、右手に羽を広げたイシス女神、左手にネフティス女神が描かれている。

ネクベト女神が両翼を広げている。両足でシェン(生命の象徴)をつかんでいる。

両翼を広げた胸飾り。

胸飾り。ネクベト女神の向かって左横にウラエウス蛇が配されている。

胸飾り。頭に太陽神をいただいたホルス神。

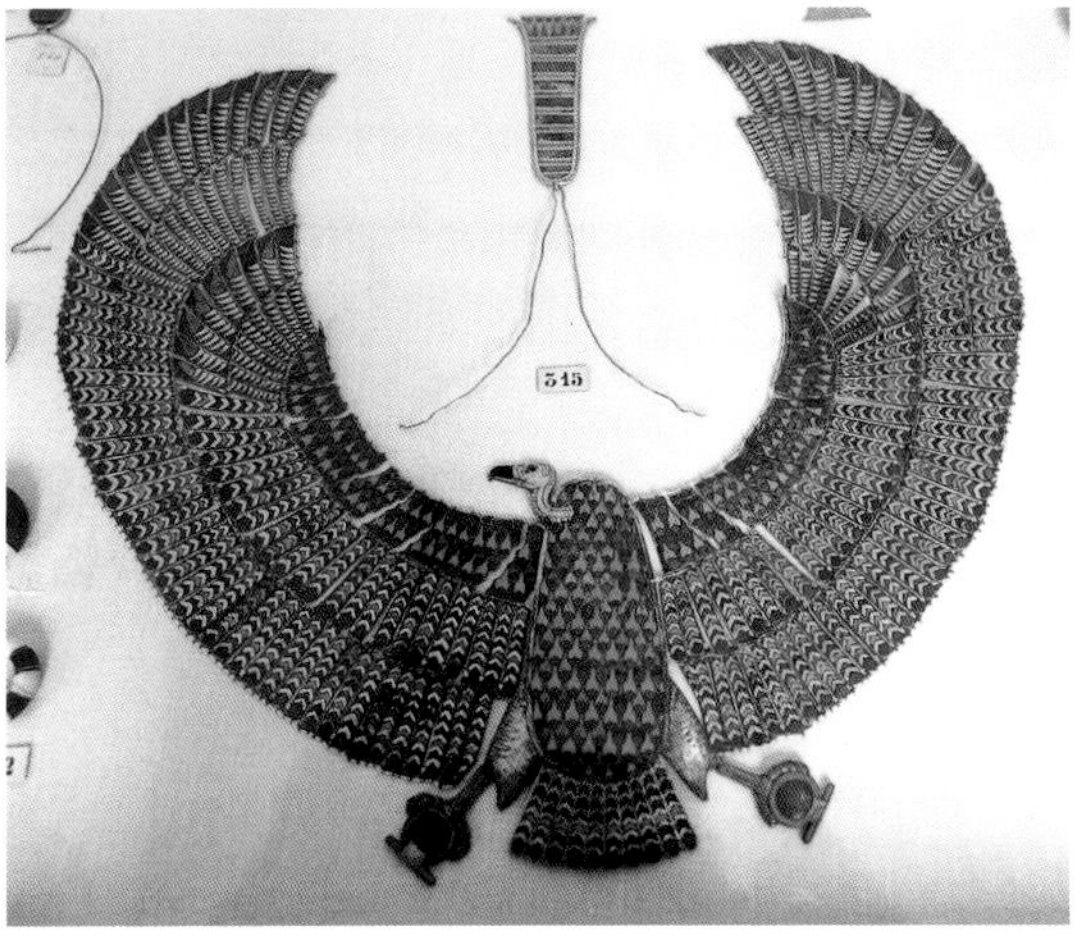

胸飾り。両足にシェンをつかむネクベト女神。これには太陽神は見られない。同じテーマでも、さまざまなパターンが存在していることがわかる。

襟飾り。羽を広げたネクベト女神が、両足にシェンをつかんでいる。250ものガラスが象眼されている。

ウジャトの眼のモチーフのペンダント。ファイアンス（珪石を溶かして成形したもの）製。右側にウラエウス蛇が配されている。

ペンダント。ホルス神ウジャトの眼をモチーフにしている。向かって右側にウラエウス蛇、左側にシェンをつかんだネクベトが配されている。高さ5.7cm×幅9.5cm。

ペンダント。上部にウジャトの眼、下部に100万年を象徴するヘフ神、両側にウラエウス蛇が飾られている。両端の下にシェンが見られる。

ウェレト・ヘカウ（呪術偉大なるお方）と呼ばれる護符のペンダント。女神から乳をもらうツタンカーメンの形が描かれる。これは一般的なテーマである。

ペンダント。これは、ツタンカーメンの祖父アメンヘテプ3世の肖像。右手にオシリス王権を象徴する曲笏と穀竿。これもツタンカーメンの王墓で発見された。

黄金の腕輪。厨子に囲まれたツタンカーメンが、2人の女神に保護されている。

黄金の腕輪。ツタンカーメンが2輪のチャリオット（戦車）を駆っている図柄。

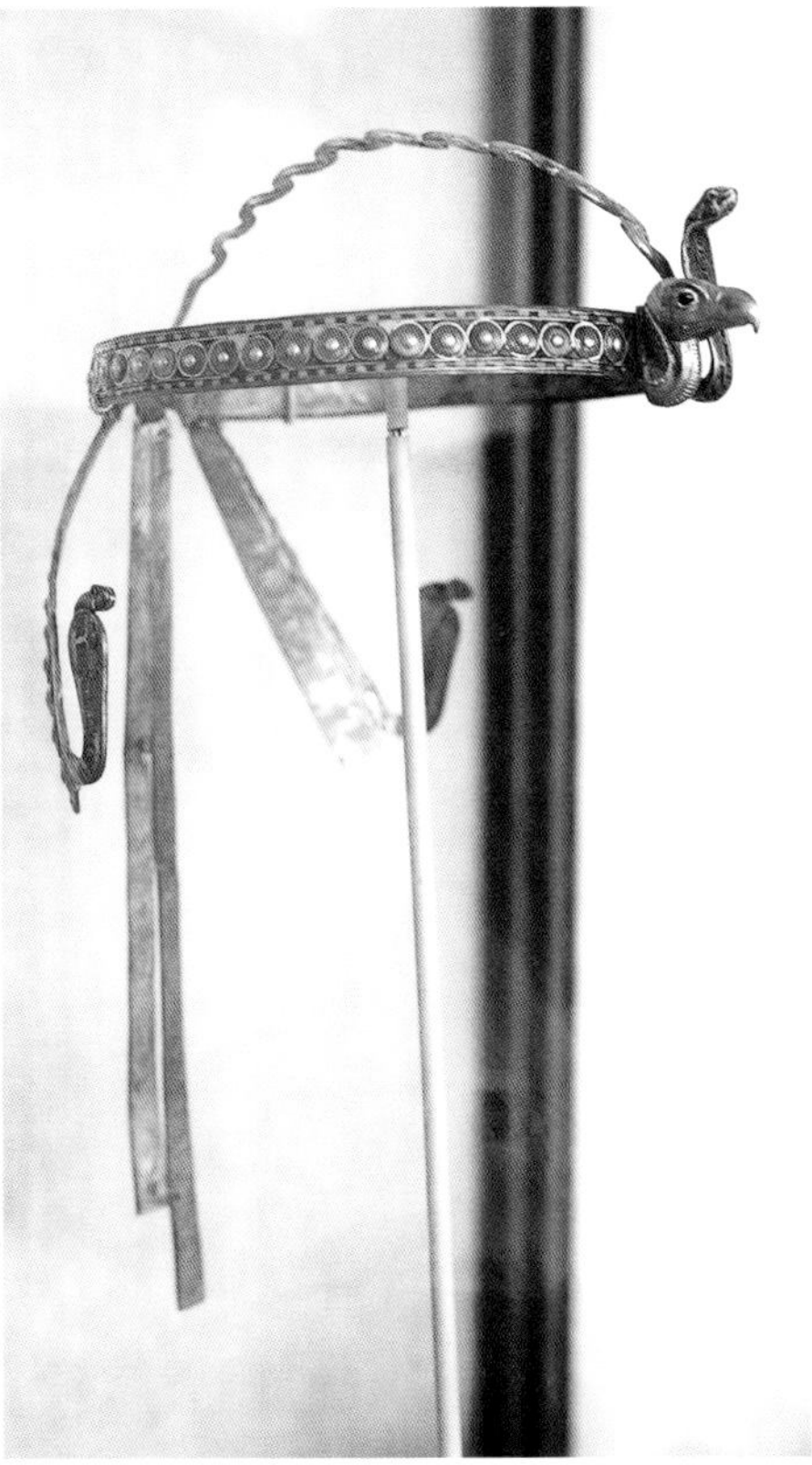

王冠。ウラエウス蛇やネクベトが配されている。これをかぶる者は、上下エジプトの支配者であることを示している。

スカラベを配した腕飾り。

貴石を使った腕飾り。

金で美しく装飾を施したイヤリング。

イヤリング。太陽神を象徴したものの下に、ウラエウス蛇の模様が見られる。

スカラベをあしらった指輪。スカラベの周りにはラピスラズリが配されている。

イヤリング。輪の中心の王の両側にウラエウス蛇が配されている。

黄金製の香油入れ。王名の判じ絵が配されている。

手斧（部分）。

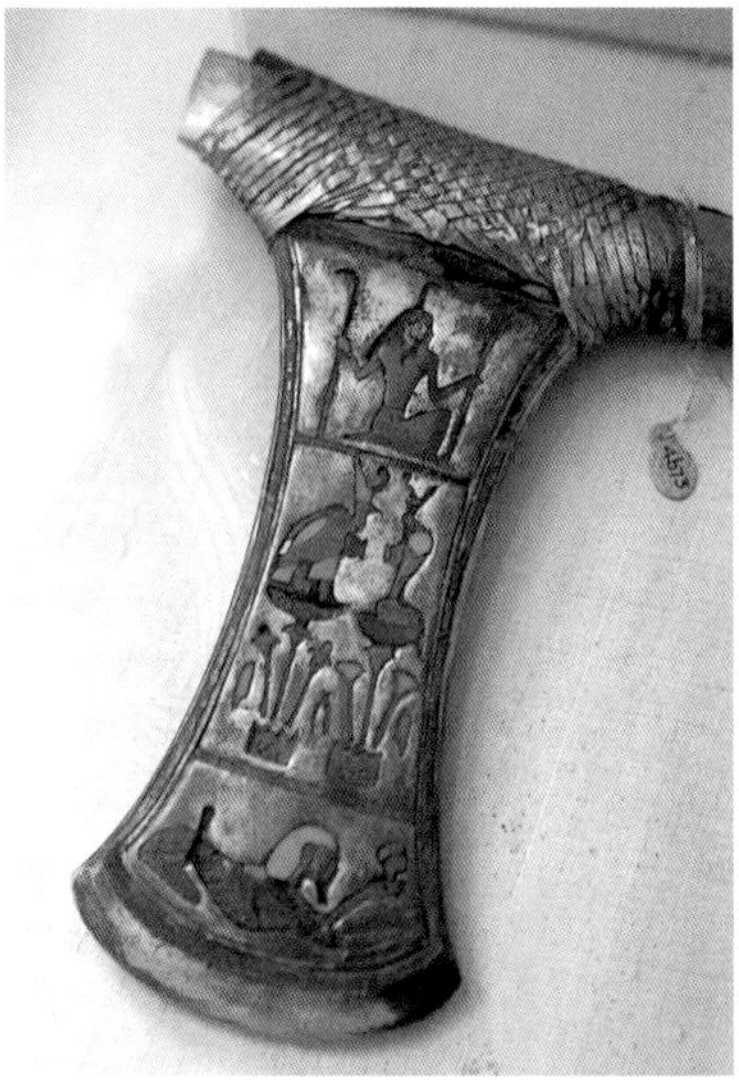

王杓の上部の飾り部分。

木製金張りの鏡入れの蓋。アンク（生命の象徴の意）をかたどっている。ツタンカーメンの名が記されている。高さ27cm。

COLUMN

装飾品から宗教が見える

古代エジプトには、宗教という言葉はなかったが、魔法や秘密という言葉がたびたび使われていた。知恵の神トトやホルスの母イシスは魔法を使うことができた。呪術が日常でも必要とされたので、呪文なども今よりずっと身近だった。王は神々に守護され、また多くの力を授けてもらった。

ここにあるツタンカーメンの胸飾りにも、神から生命を授けてもらっている場面が描かれている。ウラエウス・コブラがついた青冠をかぶり、両手に殻竿と牧童の杖を持つツタンカーメンが中央に立っている。顔はすでにオシリスになったように豊穣の黒い色をしている。マアト（真実）の台座に置かれた玉座に座り、王に生命のシンボルのアンクを差し出しているのは、メンフィス地方の主神プタハ（右）である。エジプト全土のちょうど真ん中に位置するメンフィスは古代エジプトの行政の中心地であり、キャップをかぶり、オシリスのようなミイラ姿のプタハは、ツタンカーメンの時代にも国家神として重要な神とされていた。冥界では、プタハ・ソカル・オシリスと呼ばれることもあった。これは3柱の神の性質を合わせ持つということを示している。ソカルは、ホルスのようなハヤブサの姿をしたメンフィスの死の神だ。プタハの後ろには太陽円盤をいただく下エジプトのコブラのウアジェト女神と年月を司るヘフが両手に年月の刻み目のシンボルのヤシの葉脈を持って、祝祭を示す籠の文字の上にいる。

王の後ろで、ヘフと同じヤシの葉脈を手にしてツタンカーメンに祝福の手を向けているのは、プタハの妻で雌ライオン姿のセクメト女神（左）である。その後ろには、上エジプトの白冠をかぶったハヤブサ姿のホルス神が王名をのせるセレクの上にいる。下で敵を打ち据える棍棒を持って立つのは儀式に向かうツタンカーメン自身だろう。全体は祠堂の中にあり、天には星々がちりばめられている。アシのマットを表現した青い台の下には、布をよじったヒエログリフの文字と太陽円盤が交互にあり、永遠（ネヘフ）の言葉の繰り返しになっている。ツタンカーメンの胸飾りは、太陽神やオシリスを守るイシスとネフティスを題材としたものが多いので、このように祝祭を描き出しているのはめずらしい。

（村治笙子）

アラバスター

円筒形壺。香油を入れる容器。ネコ科の動物（ライオンのように見える）が赤い象牙の舌をたらして前脚を組んでいる。高さ26.8×直径12cm。

アラバスターは、方解石という大理石に似た鉱物の一種。軟らかいので銅製の刃物で簡単に加工できるという利点があり、また光を透して美しいので、古代エジプトでは彫像や容器の材料に広く利用されていた。とくに、当時の貴重品であった香油の容器の素材として珍重された。

ツタンカーメン王墓の出土品としては、先述のカノプス壺や櫃（28頁参照）のほか、香油容器、壺、室内装飾品など約80点の品が、主に前室と副室から発見されている。香油容器には香油を持ち去っていった墓泥棒たちのものと思われる指紋が残されていた、とカーターは述べている。

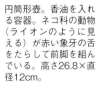

香油壺。王の即位名と誕生名が彫られている。

パピルス草の装飾のある香油壺。

香油壺。野生のヤギをかたどっている。角は、本もののヤギの角を使用している。眼は、青銅とガラスで象眼されている。背の部分に瓶の首があったが、破損している。高さ27.5×幅18.5×長さ38.5cm。

酒杯。半開きになったエジプトの青スイレンの花をモチーフにしている。王の称号と、王が永遠に祝福されるよう祈願するヒエログリフが刻まれている。高さ18×幅17cm。

香油壺。上下エジプトの統一を象徴するセマァ・タウイを示すデザインが施されている。像はナイルの神ハピ。高さ70cm。

盃。ロータスの花が咲いているようなデザインが施されている。

厨子を運ぶ舟をかたどった調度品。小舟の舳先と船尾にはアイベックス（野生のヤギ）の首が飾りとして付けられている。舳先近くに座している女性は、一説にツタンカーメン妃アンク・エス・エン・アメンの姉妹のひとりと考えられている。船尾近くに立つのは、守護神であろうと思われる。

ツタンカーメンの木製漆喰彩色像。いわゆるマネキン像。生前の表情を残しているといわれている。この像に衣服をまとわせ、衣装選びをしたのではないかと考えられる。

王の使用した日用品

ここで紹介する出土品は、生前の王がみずから使用したものと考えられた品々である。埋葬以来3300年間、墓内でほぼ誰の手に触れることもなかったものだ。20歳にも満たなかった少年王の生前の生活の匂いをそのまま伝えてくれるものといえよう。

黄金にきらめく出土品の数々は、文句なく第一級品である。だが、一見したところ何の変哲もない、これら日常的に使われた品々には、少年王の実際の生活の側面を物語るものとして第一級の史料といえるものである。また何より、われわれの眼前に、当時の生活がよみがえってくるような感じがしないだろうか。古代人もまたある程度われわれと同じ生活をしていたと、ある種の親しみが湧いてきはしないだろうか。

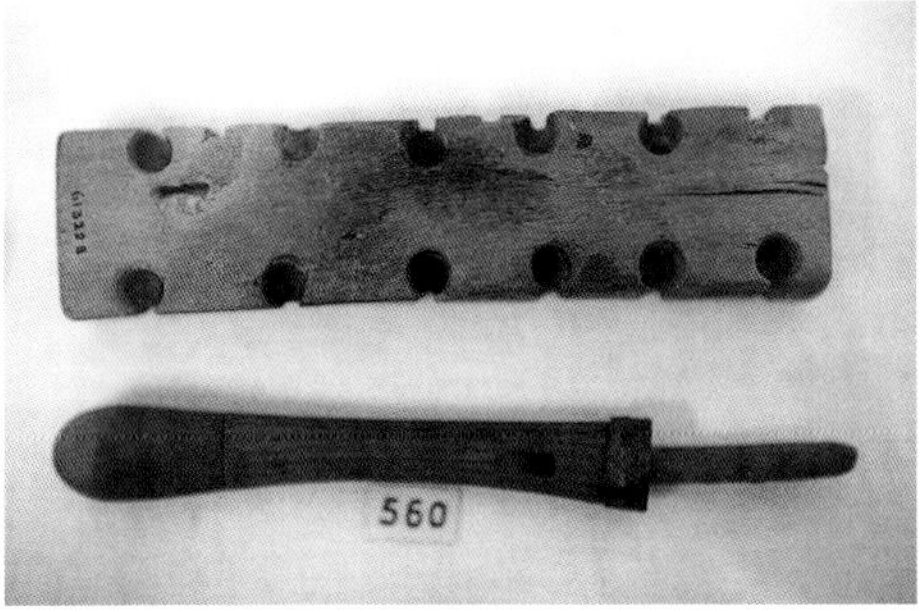

火をおこす道具。現代でいうライターである。写真の上の板に下の棒状のものを当て、両手で回しながら火をおこした。

枕。実用品として使用されたもの。下部に「ネブ・ケペルウ・ラー」とツタンカーメンの王名が記されている。トルコ玉色青緑のガラス製。金の帯の部分で1つにつながれている。高さ18.5×28.1×8.7cm。

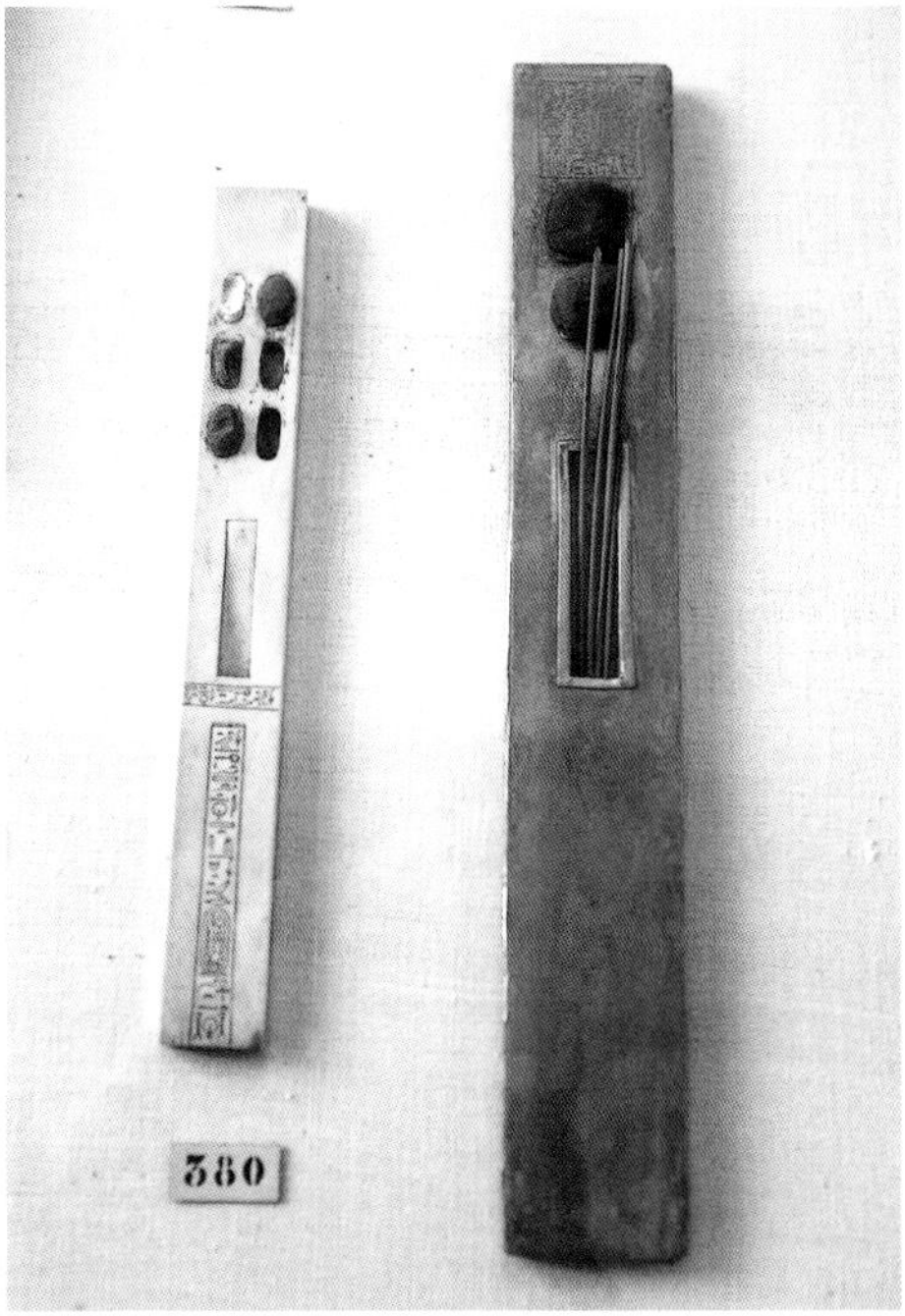

筆記具。写真左は象牙製のパレット。「アトゥム、アメン・ラー、トトの諸神に愛される」ツタンカーメンの銘文がある。右が筆入れ。中央の細長い棒が筆である。

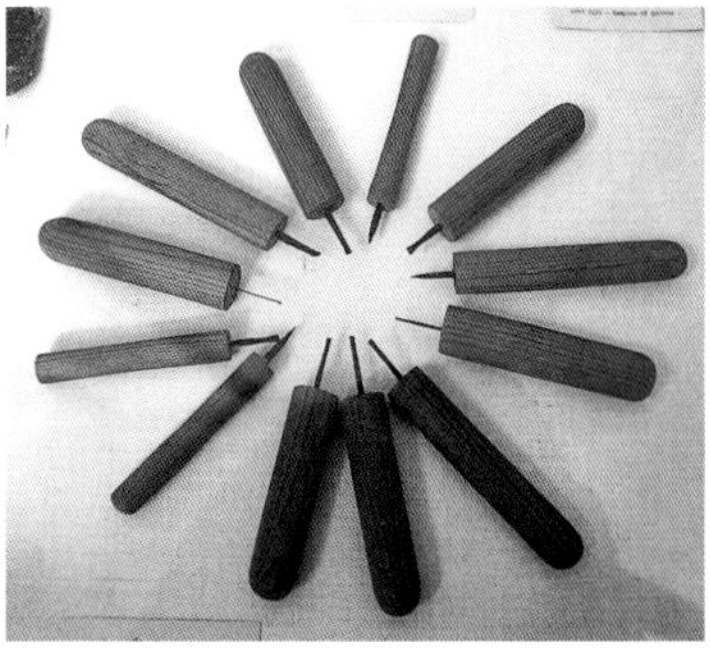

錐。針の部分にも多くの種類が見られる。家臣が使用したものか。

食べ物を入れた素焼きの陶器。中に入っているのは果物と見られる。すでに乾燥してぼろぼろである。

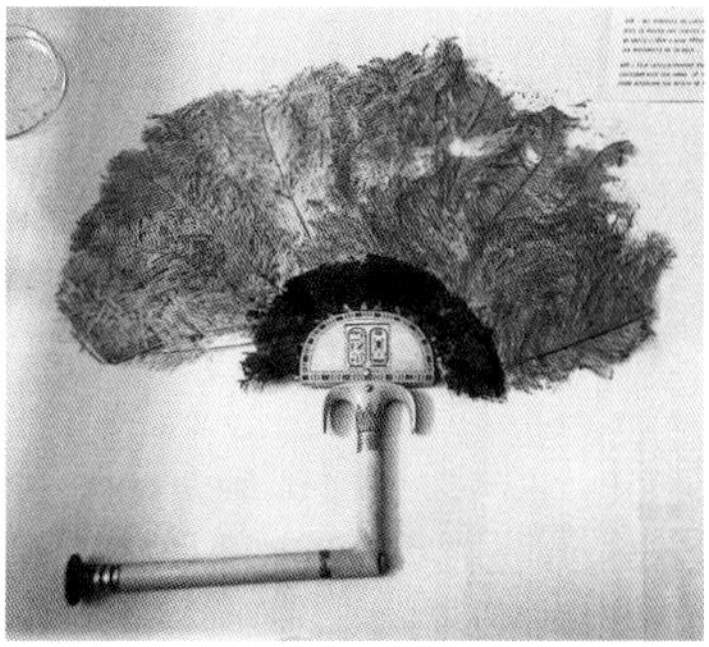

扇。鳥の羽根が張ってある。柄の部分は象牙製。ほぼ発掘当時のまま、無傷で出土したもの。

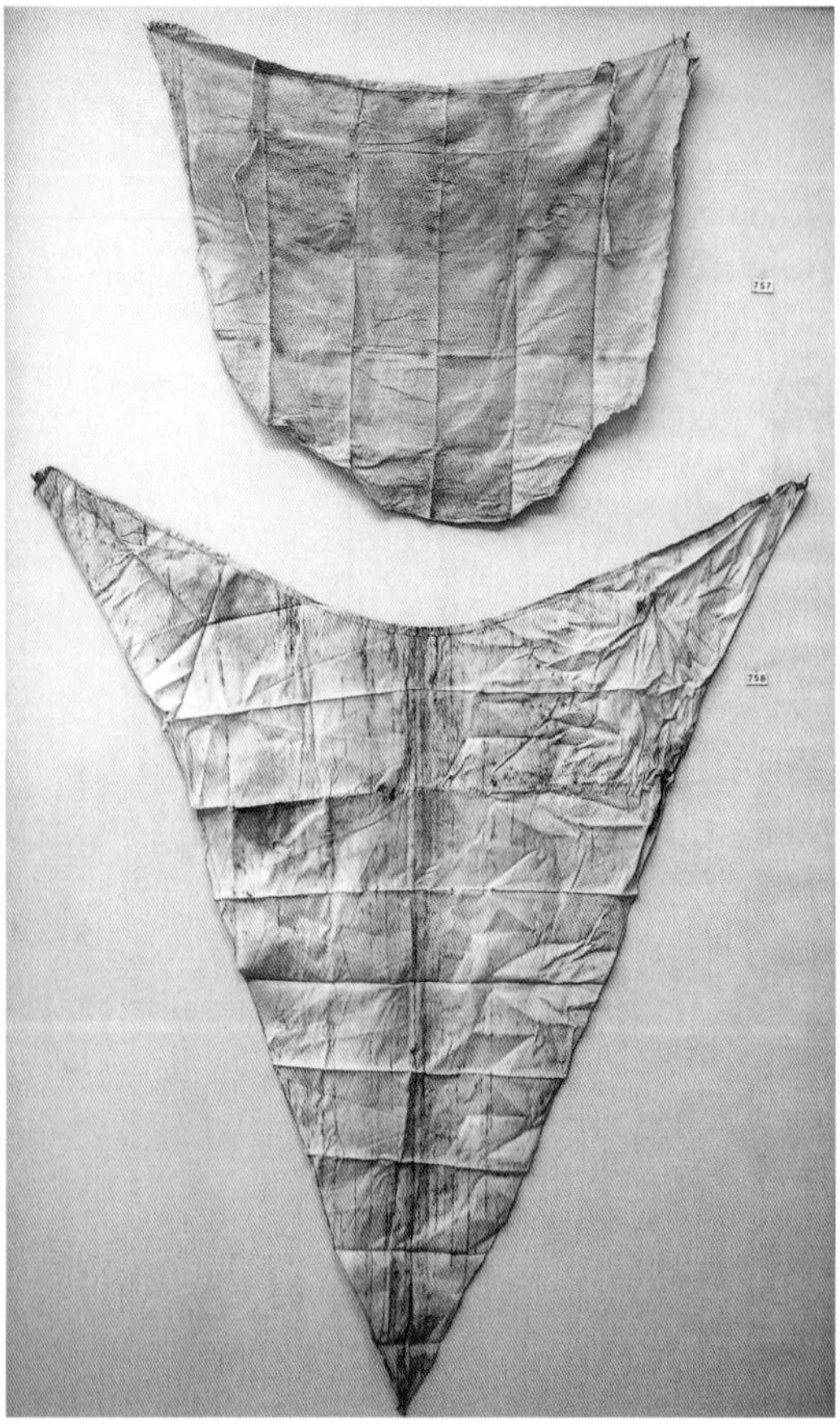

ツタンカーメンの下着。
亜麻布製。

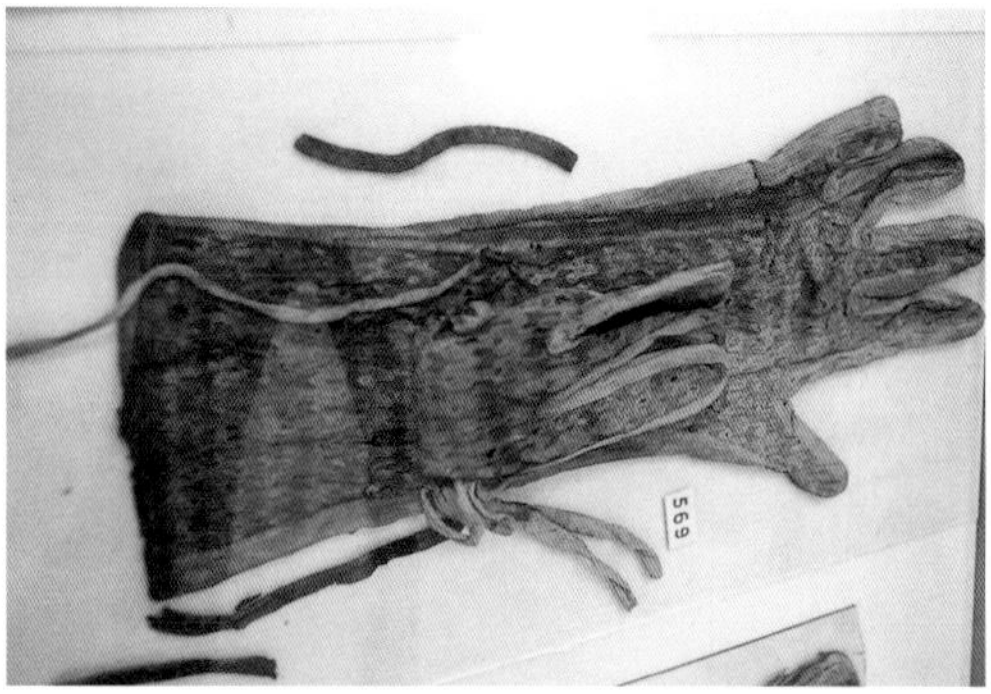

手袋。つづれ織りで羽根模様が表わされており、手首部分を締めるひもがついている。

王が日常生活に使用したと思われるサンダル。イグサを編んだもの。

寝台。ツタンカーメンが実際に使用したといわれている。黒檀製で部分部分に金箔処理が施されている。足板には、ライオンを従えたベス神のレリーフが見られる。長さ180×幅90×高さ76cm。

木製手箱。生命を象徴するアンクの記号を、権力を象徴する2つのウアスの記号（矢印状のもの）で挟んでいる。2つあるつまみは、象牙を赤く染めたもの。高さ42.4×縦48.7×横45cm。

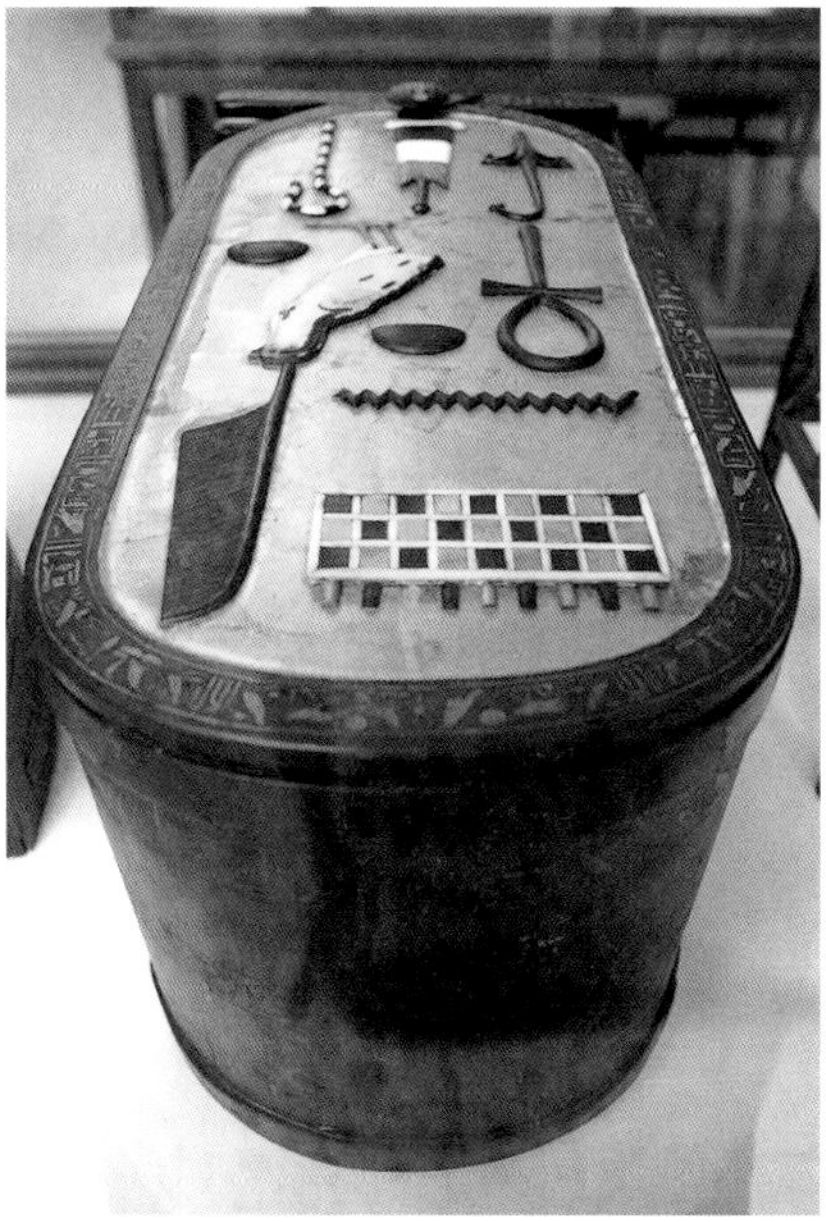

宝飾品を納めた箱の蓋。蓋の周りの黒檀には「トゥト・アンク・アメン（ツタンカーメン）、上エジプトのヘリオポリスの支配者」と、象牙のヒエログリフが装飾的に配されている。

箱。ファイアンスの象眼、紫色ファイアンスの取っ手が付いている。金張り。側面の一部に王の即位名と誕生名とヘフ神の模様（永遠なる生命への無言の願望の意）が配されている（64頁参照）。

櫃。木製漆喰塗り。側面には、戦車に乗ったツタンカーメンが、戦場でアジア人を駆逐する場面が描かれている。実際は、王は戦場で戦わなかったといわれている。

COLUMN

ツタンカーメンの5つの名前

古代エジプト人は、名前をその人物の人格の一部分として私たちよりもっと重要視していた。王から庶民にいたるまで、名前を剝ぎ取る行為はその人を全否定することと同じだった。みなさんも、いたるところに王のカルトゥーシュ（王名枠）を見るだろう。その物の所属を表わす以上のことがそこにこめられているのだ。歴代の王の一覧をのせた第19王朝のセティ1世のアビドスの王名表には、ツタンカーメンを含む前後3代が抹消されている。これは当時、彼らを自分の正統な祖先と認めなかったことを示している。ツタンカーメンの副葬品の中にも、異端とされたアテン神の名が堂々と残されているのだから、仕方がないことかもしれない。しかし、当時は消されても、彼のように現代に華々しくその名が復活することもあるのだから、歴史とは思いどおりにいかないというところが面白い。

さて、エジプト王の5つの名前は中王国時代の頃には確立していたようだ。5つのうちの誕生名と呼ばれている「太陽神ラーの息子名（サー・ラー名）」は、よく目にするもので、ツタンカーメンの場合は、「南のヘリオポリス（つまり太陽信仰の中心地デルタのヘリオポリスの写しとして、アメン・ラー神の信仰の中心地テーベをこう呼んでいた）の支配者トゥト・アンク・アメン」である。かつては「トゥト・アンク・アテン」を名のっていたこともある。同じような名前だが、アメンとアテンでは大きな違いがあるのだ。ちなみにツタンカーメンというのは「TUTANKHAMEN」と続けて書いたとき、日本人が読んだ読み方が世界に広まったのだということをご存じだろうか。近年「ウシル」と呼ばれていたオシリスの読みを日本の学者が「アシル」と訂正したのとは少しニュアンスが違うが、日本人もたいしたものだと感心する1つの出来事である。

日輪をいただいた4匹のコブラの間にあるのは、彼の即位名の「ネブ・ケペルウ・ラー」である。エジプト王はいつも、上エジプト（ナイル上流の渓谷地帯）と下エジプト（下流のデルタ地帯）の王であるべきだったので、2つを統合したシンボルとなる称号をもっていた。ここで見られる「スゲ（カヤツリグサ科）とミツバチの者」やコブラとハゲワシの「2女神名」である。残る2つは「ホルス名」と「黄金のホルス名」で、これは王が神話の正当な王位後継者、ホルスの化身だということを示している。ツタンカーメンの名の下に「大王妃アンク・エス・パ・アテン」と妻の名が併記され、「永遠に生きよ」と2人の願いが記されたものもある。

（村治笙子）

第五章

出土品、壁画が語るもの

発掘品が語る古代の生活

第18王朝アメンヘテプ2世治下のテーベ（現在のルクソール）市長であったセンネフェルの墓の玄室に描かれた壁画。場面は、王のマスクを墓に運び入れているところ。王のマスクは、ツタンカーメンのためだけではなく、ツタンカーメン以前のほかの王のためにも制作されていた。下はツタンカーメンの黄金のマスク。

ナイル西岸のネクロポリス（死者の都）には新王国時代の墓が多く、大別して「王家の谷」の王墓、「王妃の谷」の王妃や王族たちの墓、そして「私人墓」がある。私人墓は政府高官や富裕な人々の個人墓で、第18王朝から第20王朝にかけて王家の谷の東側の崖を越えた丘陵の斜面につくられ続け、クルナ村ほか7カ所に確認されただけで500基以上存在している。

これら私人墓の内部の壁画にもツタンカーメン王墓の玄室の厨子同様、『死者の書』の抜粋とその挿絵が描かれ、来世＝冥界での幸福を願う古代人の祈りがうかがえる。エジプトの古代人たちの宗教理念によれば、死後、冥界においてもオシリス神や太陽神ラーのもとで至福の生を生きることも可能であり、そのためには『死者の書』に書かれた呪文が不可欠だったのである。それだけでなく、来世は現世の写しでもあって、現世の幸福は来世に反映されるとも

ツタンカーメンの玉座の背部に描かれたサンダル。当時の王侯貴族はサンダル履きだった。長さ28.3cm。

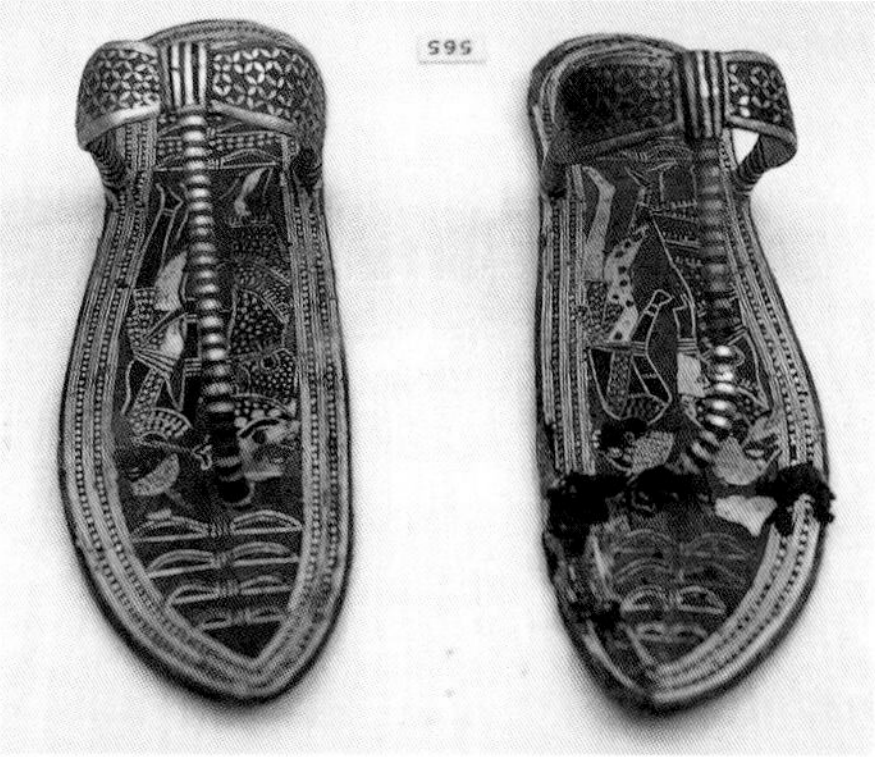

ツタンカーメンの玄室の北面の壁画。次に王となるアイ（右側）が「開口の儀式」を執り行なっている。開口の儀式とは、王が死後にものを食べたり話をしたりするなど、来世で第2の生を滞りなく生きられるよう祈願する儀式。神官は開口の儀式を行なうとき、ヒョウの衣服をまとうならわしがあった。下左は、儀式を行なう神官の衣服の飾りとして使われたもの。

レジャー風景。トトメス4世とアメンヘテプ3世の時代に活躍したテーベの政府高官ネブアメンの墓の壁画。パピルスを束ねた舟にネブアメンが乗ってブーメランで鳥を捕獲しているところ。妻を後ろに、足下に子供がいる。当時、貴族は狩猟を好んでいた。大英博物館蔵。下右はブーメランの現物。象牙製。

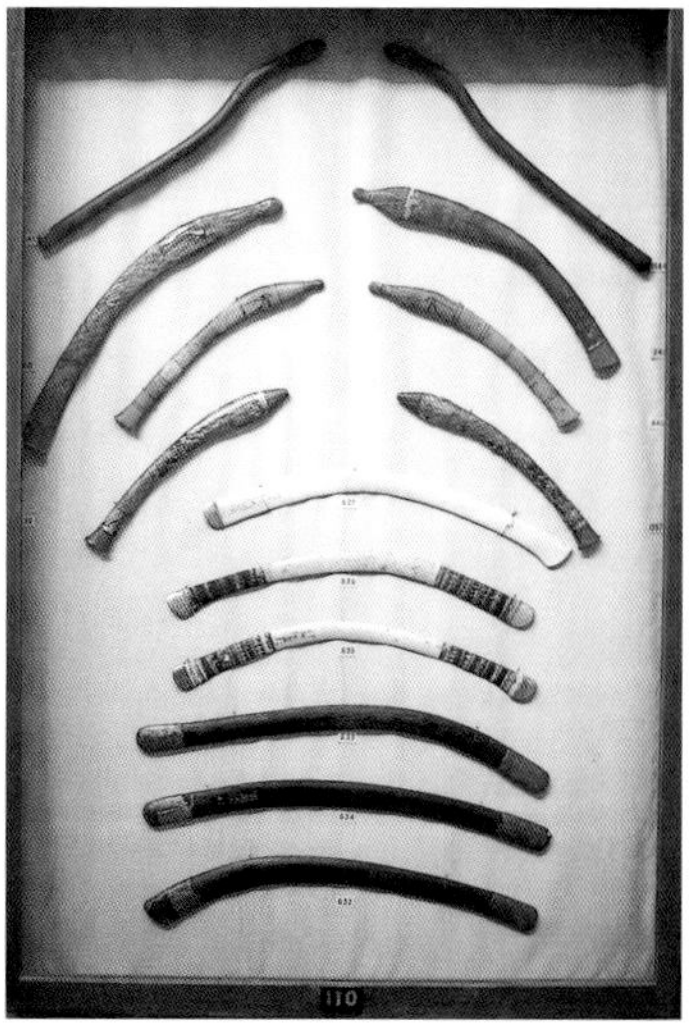

トトメス4世治下の耕地管理官の墓の壁画。右は、役人が麦の収穫の記録をしている場面、右下は「死者の書」のオシリス裁判の図。死者が、死んで冥界に行ったときの裁判の光景。下は筆記具。左から筆と筆入れ、パピルスのしわのばし、パレット。

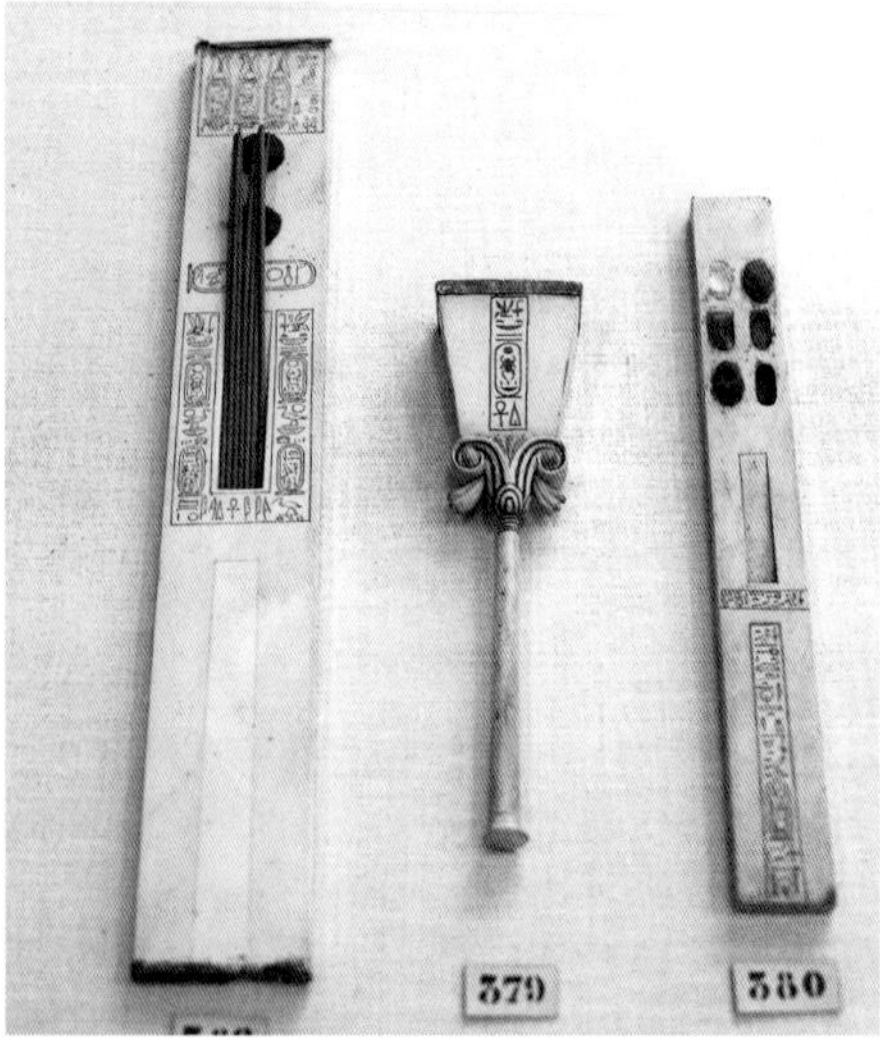

トトメス3世とアメンヘテプ2世治下の宰相レクミラの墓の壁画。場面は、工房で王の彫像を制作しているところ。王のマスク同様、立像もそれぞれの時代につくられた。左は、ツタンカーメンの前室で発見された2体のうちの1体。

宰相レクミラの墓の壁画。レクミラの工房で寝台がつくられている場面。下はツタンカーメンの木製金張りの寝台。

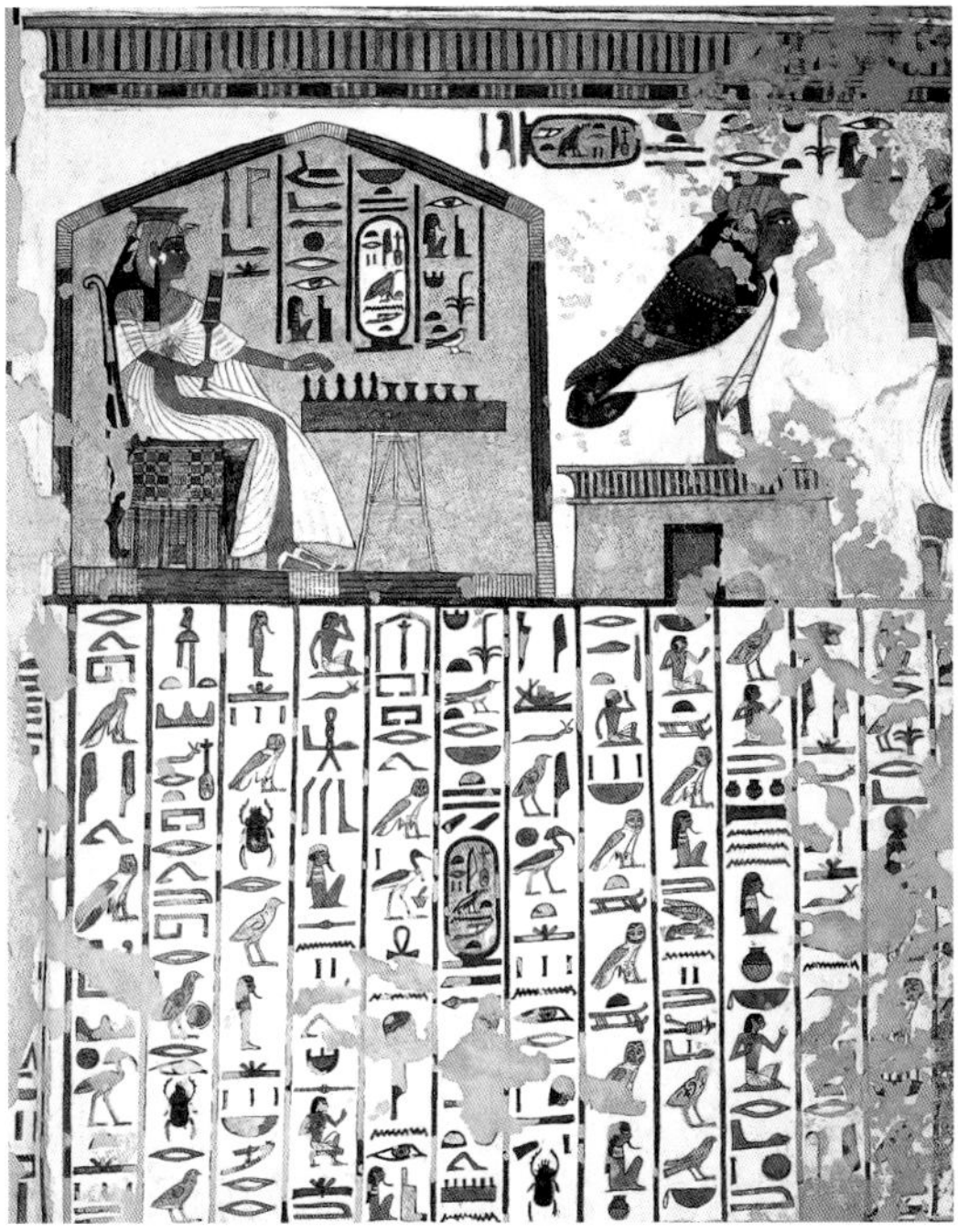

ラメセス2世の王妃ネフェルタリの墓の前室の壁画。ネフェルタリが冥界における自分の運命を占うためのゲーム（セネトゲーム）をしている場面。当時の貴族階級は、よくこのゲームを行なったらしい。セネトゲームは、バックギャモン、あるいは双六のようなゲームである。右は実物。

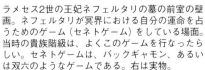

宰相レクミラの墓の壁画。レクミラの工房で厨子を製作している場面。左は、4女神に守護されたツタンカーメンのカノプス厨子。

考えられており、それゆえ、現世での生きいきとした実生活も同時に描き残されているのである。

ここでは、そうした私人墓の壁画だけでなく、神殿の壁画、美術工芸品に残された図像にも目を向け、それらとの関連の中で、ツタンカーメン王墓の出土品がどのように制作され、どのような意味を持っていたか見てみよう。

テーベの市長センネフェルの墓の壁画。場面は、胸飾りを墓に運び入れているところ。王侯貴族は、死後もおしゃれを楽しんだということだろうか。下は、ツタンカーメンの胸飾り。

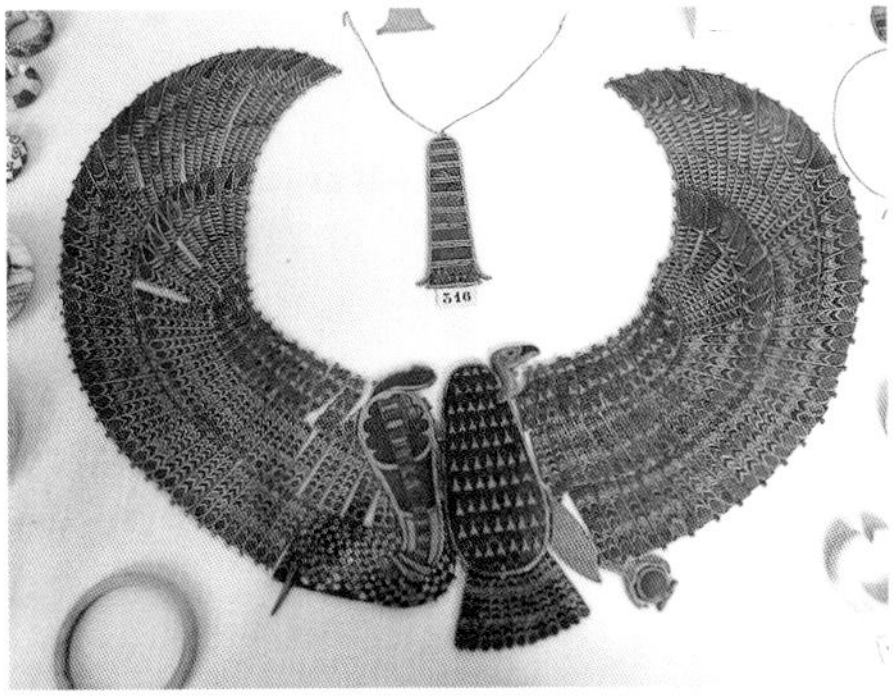

左は宰相レクミラの墓の壁画。当時の船が描かれている。手こぎと帆船。上は船のミニチュア、装飾品。

ルクソール神殿にある、ツタンカーメンのオペトの祭礼の壁画。シストラムと呼ばれる楽器を打ち鳴らしている図。右の左はツタンカーメンの王墓から出土したシストラム。

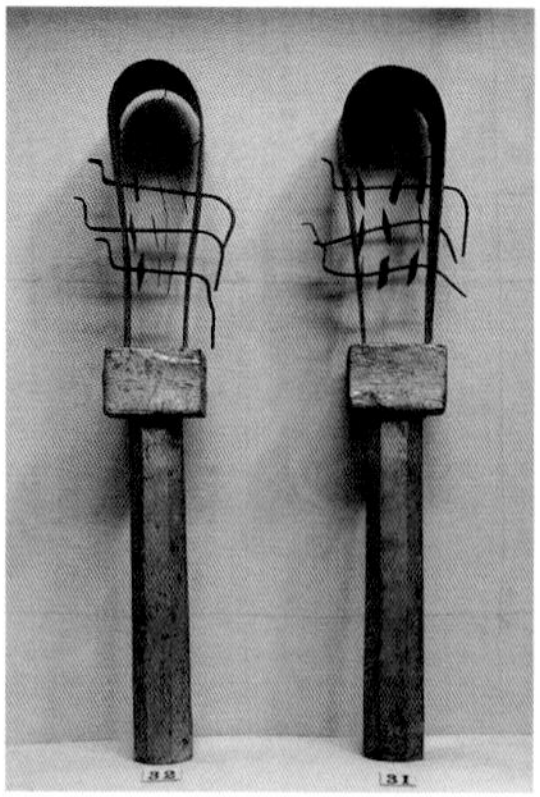

ツタンカーメンのオペトの祭礼の壁画。場面は、兵士が楯を持ち、行進しているところ。右下左はツタンカーメンがライオンの姿になっているところ。右下右はツタンカーメンがライオンを打ちのめしているところ。いずれもツタンカーメンの王墓から出土したもの。祭儀用の楯で、実戦に使用されたわけではない。

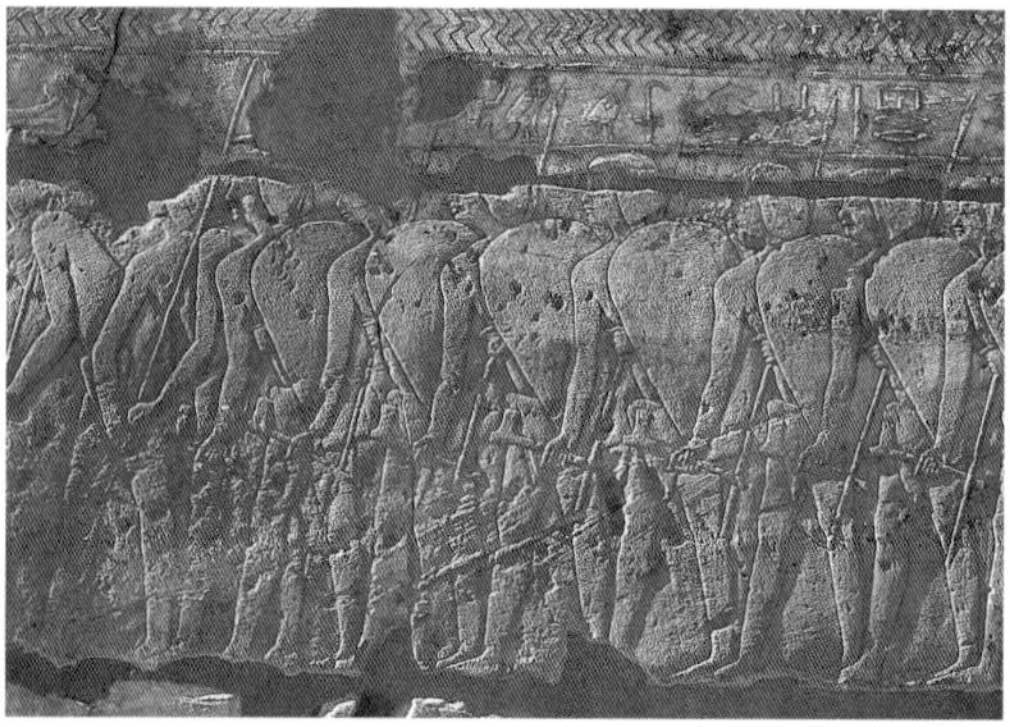

ツタンカーメンの王墓から出土した櫃の側面に描かれた図。2輪の戦車に乗ったツタンカーメンがヌビア人を駆逐している。2輪の2頭立て馬車（戦車）は、16〜17王朝時代、ヒクソスから採り入れられた。下右は、ツタンカーメンの王墓から出土した6台の戦車のうちの1台。木製金張り。王の行幸などの儀式に使用されたといわれている。

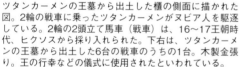

古代と現代のエジプト職人たち

古代エジプトの職人たちは、王や高官たちが亡くなるずっと前から、彼らが来世に必要なものをこつこつ作っていた。死がいつ訪れるか、古代エジプトでも予測はできなかった。ツタンカーメンのように若くして亡くなると、生前に使っていた品々も含めても副葬品のいくつかは埋葬に間に合わなかったのだろう。ほかの人のために作られたと思われる副葬品も含まれており、墓でさえ祖父王アメンヘテプ3世墓に近い養父アイの墓が、ツタンカーメンの本来の墓だといわれている。しかし、死後に一番大事だと思われていた王を守護する『来世の呪文集』は四重の大きな厨子に書き込むことができた。大きな墓に描かれた『死者の書』や『冥界の書』や『太陽神への祈祷書』などの宗教文書の挿絵付きの呪文を、ツタンカーメン王墓は多くの副葬品とともに持つことができていたのだ。

墓に納める副葬品作りに励む古代エジプトの職人たち。レクミラの墓の壁画。

古代エジプトの職人が持っていた技量の素晴らしさは、黄金のマスクをはじめ棺や護符などの装飾品を見るとだれでも納得できる。そしてエジプト人のその血は3000年たった現代にも確実に受け継がれているように思われる。ここで紹介するツタンカーメン王墓の副葬品は、現代エジプト人芸術家たちの工房で制作され「Re Art & Craft®」と名づけられた精巧な複製作品群である。エジプトのミニア大学純粋芸術学部彫刻学科のムスタファ教授が中心となり、現在はエジプトから持ち出し禁止となっている発掘品の数々を、実物からの詳細な計測や資料をもとに、オリジナルと同じ技法をもちいて制作当時のように再現している。現在、日本の「CMEモルゲンランド」が所蔵し「一般社団法人 アンク教育芸術文化機構」が管理するこの作品群126点は、現代エジプト人もまた古代人と同じように高い技術を持っていることを証明している。

宗教文書の書かれた大きな厨子やマスクを被ったミイラを納めた入れ子式の三重の王棺と内臓入れ、そしてエジプト本国の大エジプト博物館（GEM）に展示するために修復復元された儀式用戦車、王の来世での召使いのシャブティ、門番像などが日本で観られる。

王の門番像はウラエウスコブラのついたネメス頭巾をかぶり、大きな金のウセク首飾りと太陽の船にいるスカラベの飾りを胸につけている。

カー像はもう一体の門番と同じように杖と棍棒を持つが、腰布の飾りにある銘文からカー像だとわかる。

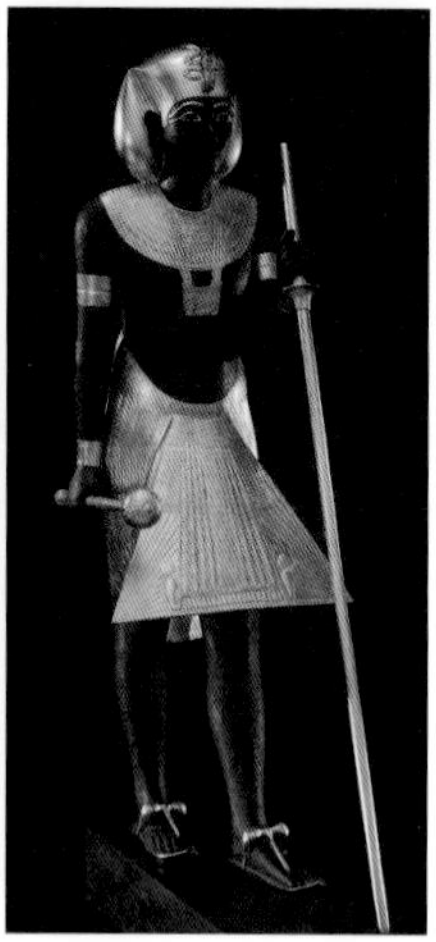

カト頭巾をかぶり、門番姿で王墓の玄室（ミイラの置かれた部屋）の入口を護るカーの像。カーとはツタンカーメンとともに生まれ、死後、来世で再び出会う双子の片割れ。

ベルギーで開催されたドイツが所蔵する「ツタンカーメン・レプリカ展」会場での3つの厨子の展示。一番外側の厨子は日本には来ていない。

右：ツタンカーメン王はネメス頭巾をかぶり杖と棍棒を持ち、門番姿でカー像とともに自身の玄室入口を護る。

翼を広げて厨子の扉を護るイシス女神（右）とネフティス女神が描かれた第４の厨子。

上：側面に太陽神の夜の航行の場面を描いた第３の厨子。
右：冥界の大神オシリスと太陽神ラーホルアケティに挨拶するツタンカーメンを描いた第２の厨子の扉。

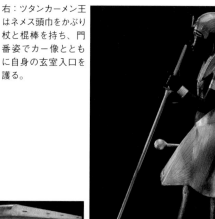

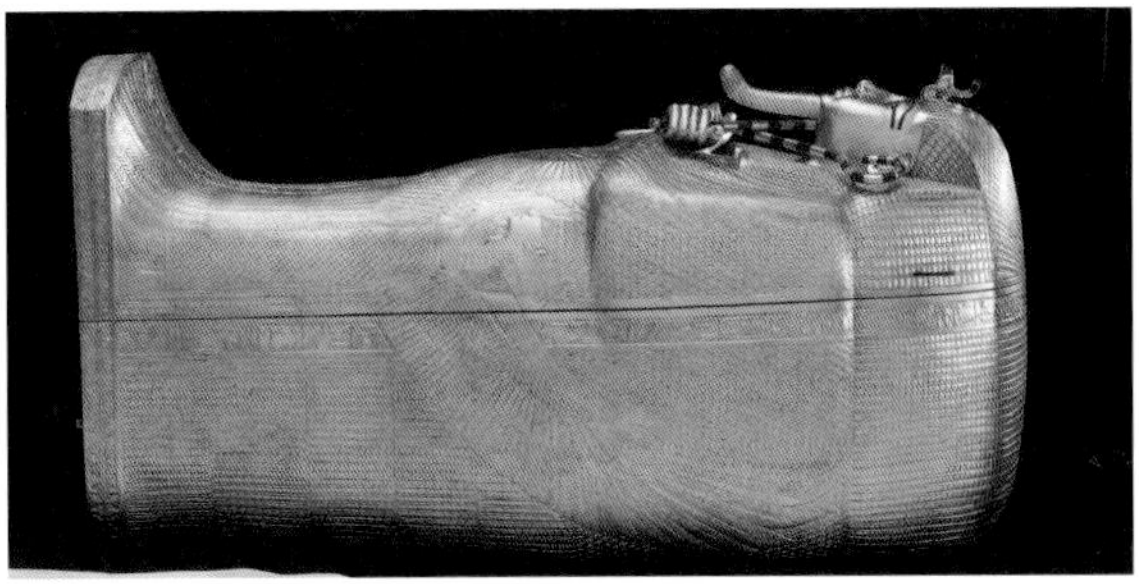

右：３つの入れ子式になった真ん中の、木製金張りの第２の人型棺。ネメス頭巾をかぶり、王権の象徴の殻竿と牧杖を手にしたミイラの姿。
上：３つの入れ子式になった一番外側の木製金張りの第１の人型棺。

３つの入れ子式になった一番内側の純金製の第３の人型棺。ネクベト女神とウアジェト女神が大きな翼で護っている。

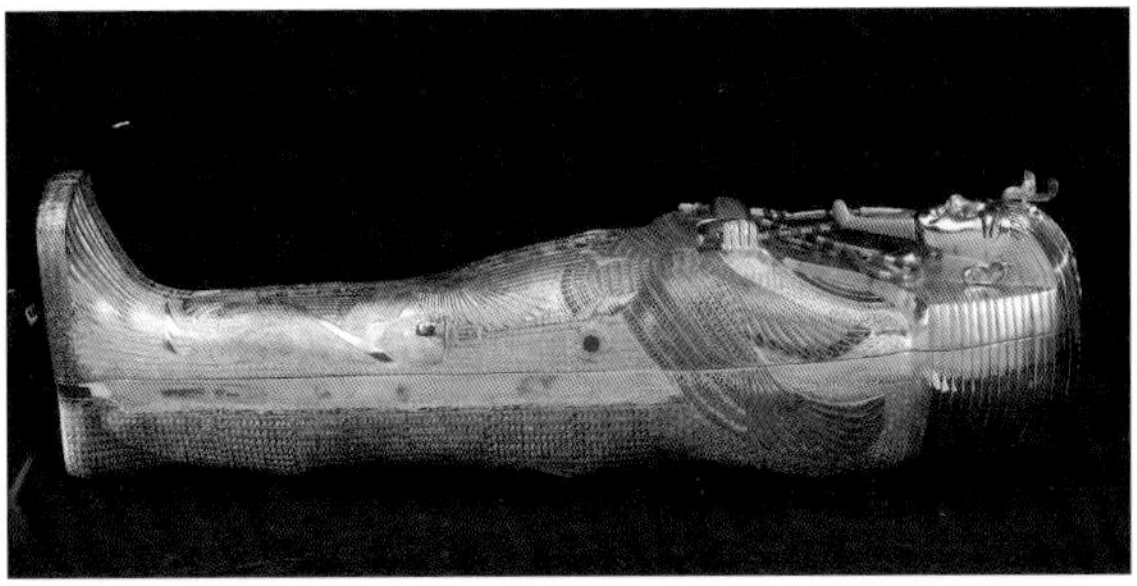

付け髭、笏杖、ウセクの胸飾りの彫刻が素晴らしい純金製の第３の人型棺。

脚の部分に冥界の王オシリス神と天の女神ヌトの言葉がヒエログリフで書かれた第２の人型棺。

四方を４女神が護るカノポス容器を納めた神殿型の厨子。

純金製のツタンカーメンのミイラマスク。

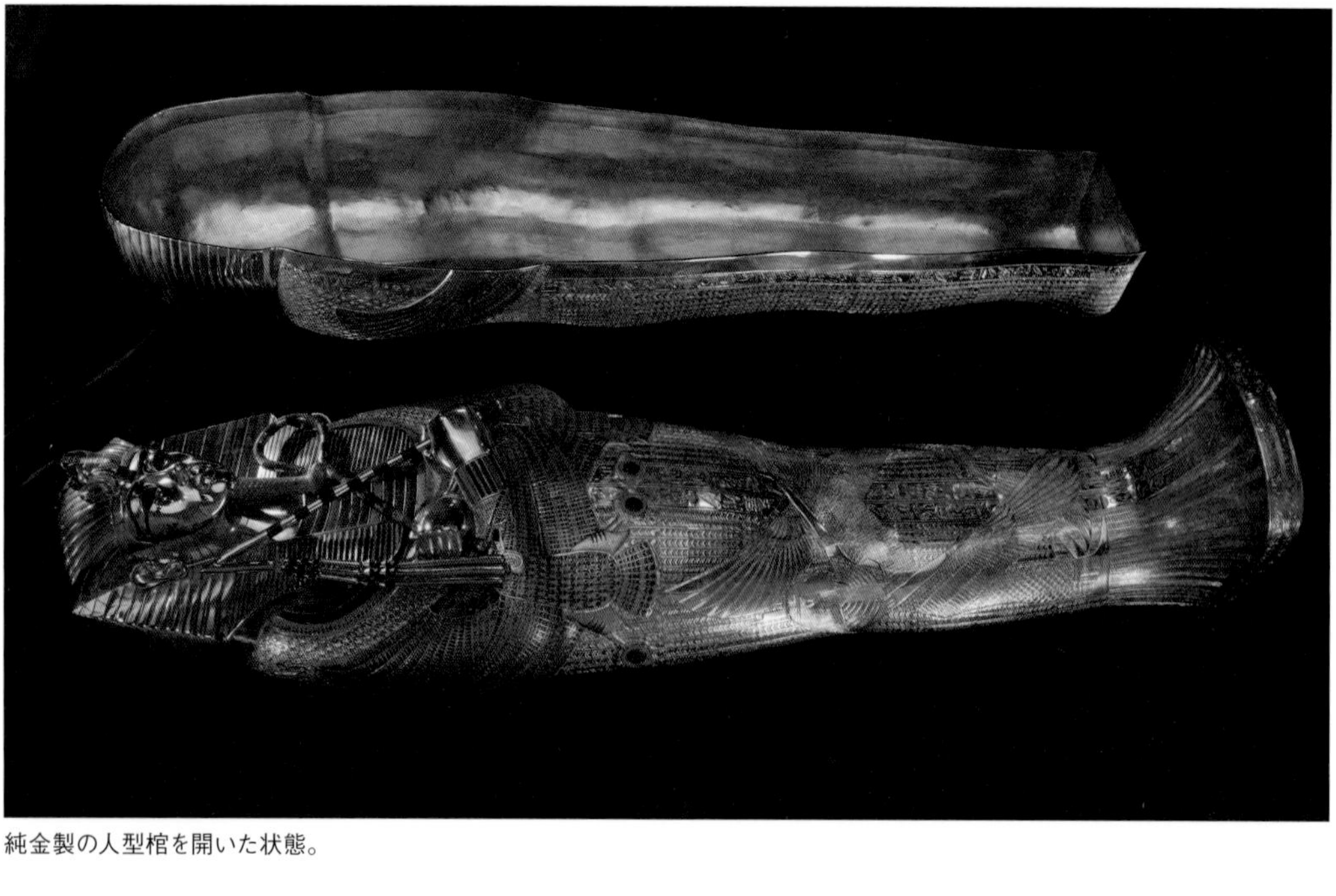

純金製の人型棺を開いた状態。

太陽円盤をいただいた黄金の守護神ホルスを付けた儀式用戦車。

アラバスター製カノポス容器の蓋と箱。

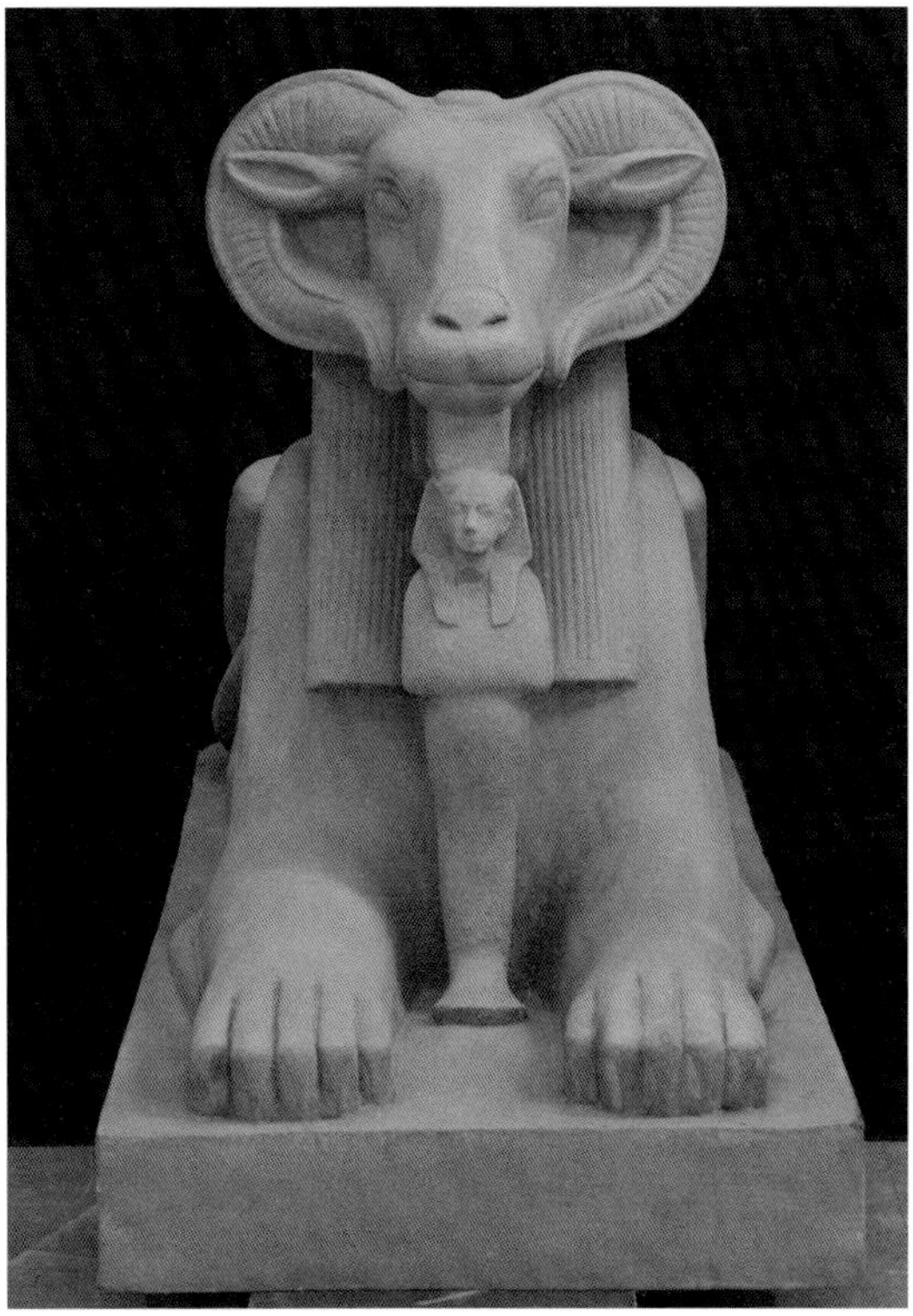

牡羊姿のアメン神のスフィンクスに護られるツタンカーメンの立像。

鳥のタゲリで表された国民たちから祝福をうける玉座のツタンカーメンを透かし彫りした儀式用楯。

右：木製金張りのツタンカーメンのシャブティ。
左：金のネメス頭巾と胸飾りをつけ、手に殻竿を持つツタンカーメンのシャブティ。脚には「死者の書」の呪文６が書いてある。

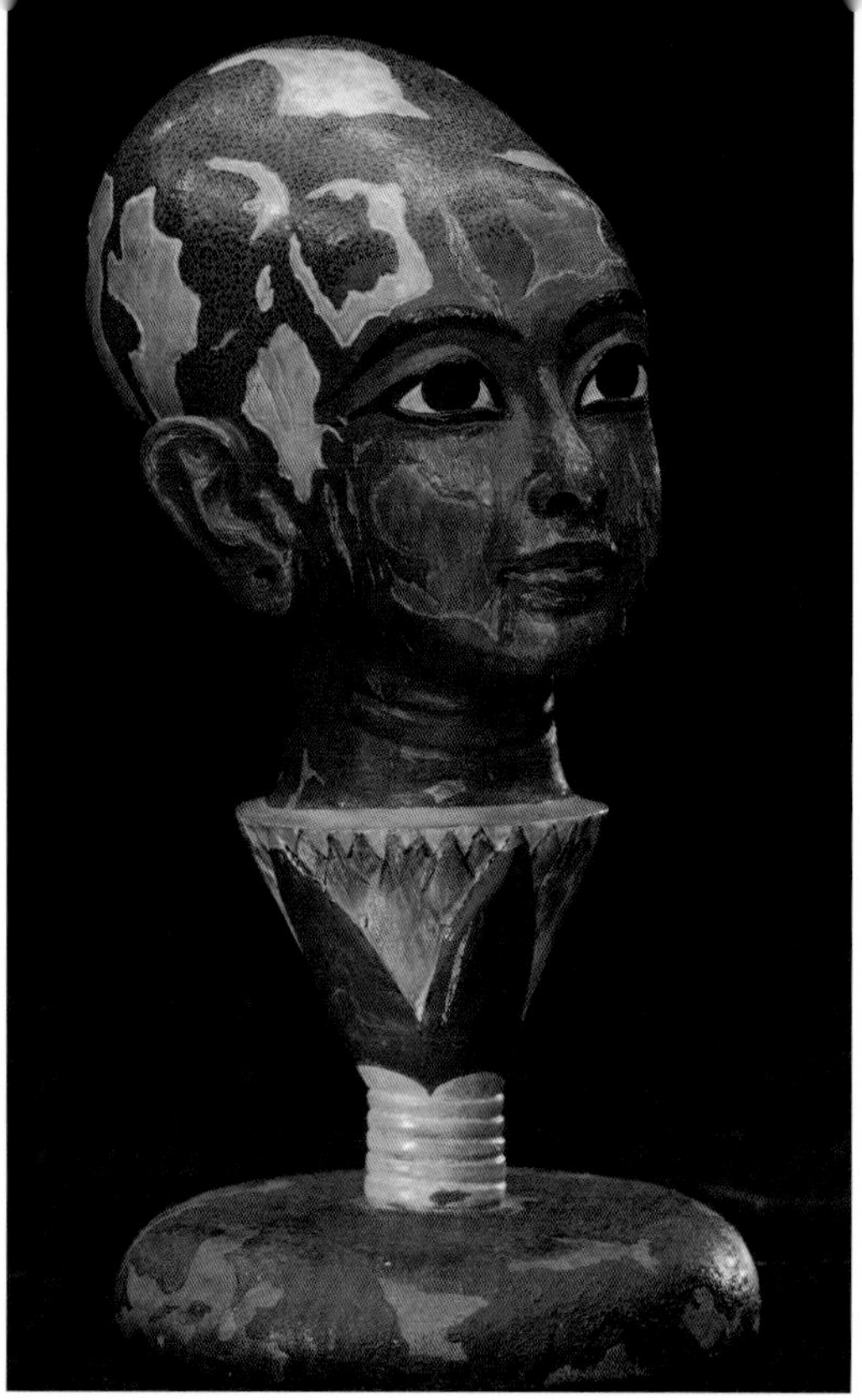

ネフェルテム神として生まれ出た若いツタンカーメン王頭部。

コブラとハゲワシをつけたヌビア風の鬘をかぶり、黄金の胸飾りをつけたツタンカーメンのシャブティ。

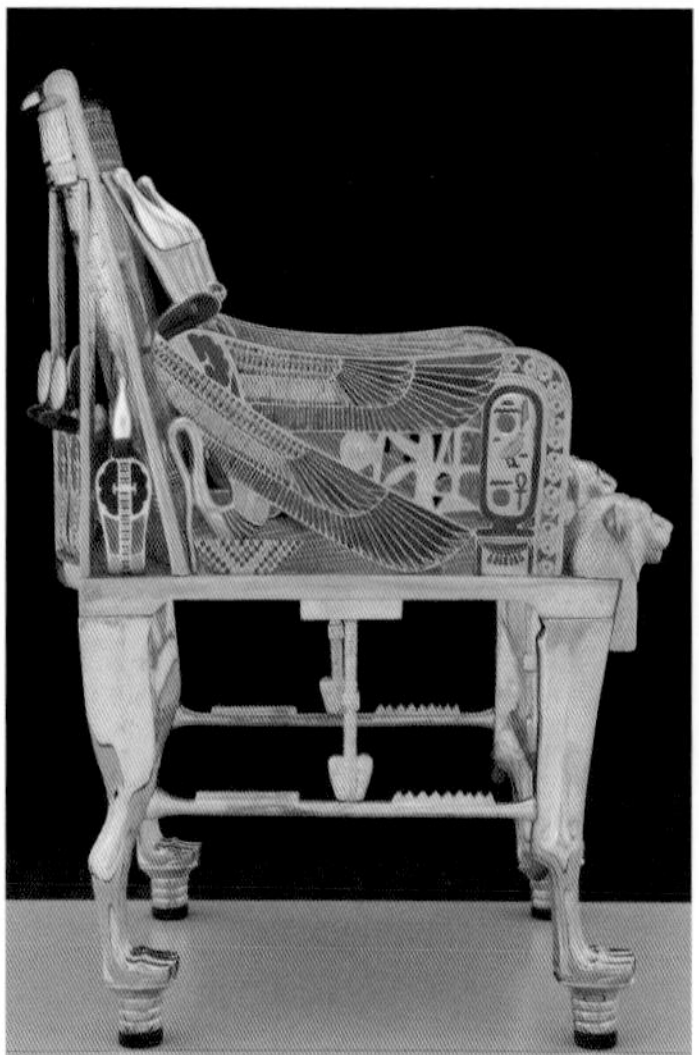

ツタンカーメンのアマルナ時代の名前「トゥトアンクアテン」がカルトゥーシュに書かれている。

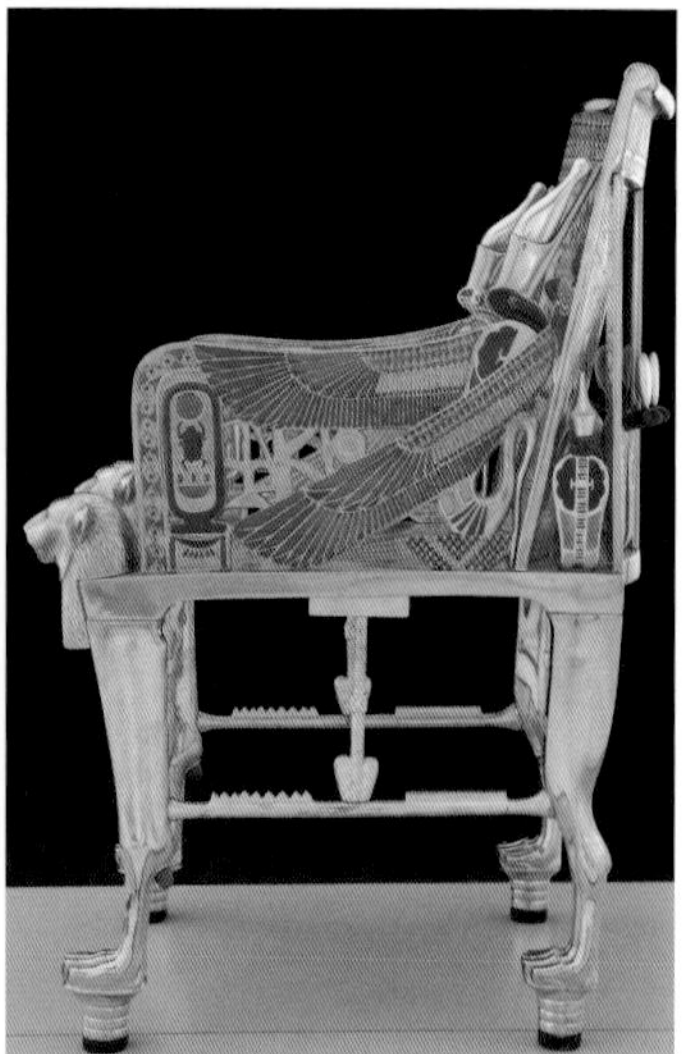

ツタンカーメンの即位名「ネブケペルウラー」のカルトゥーシュのある黄金の玉座。

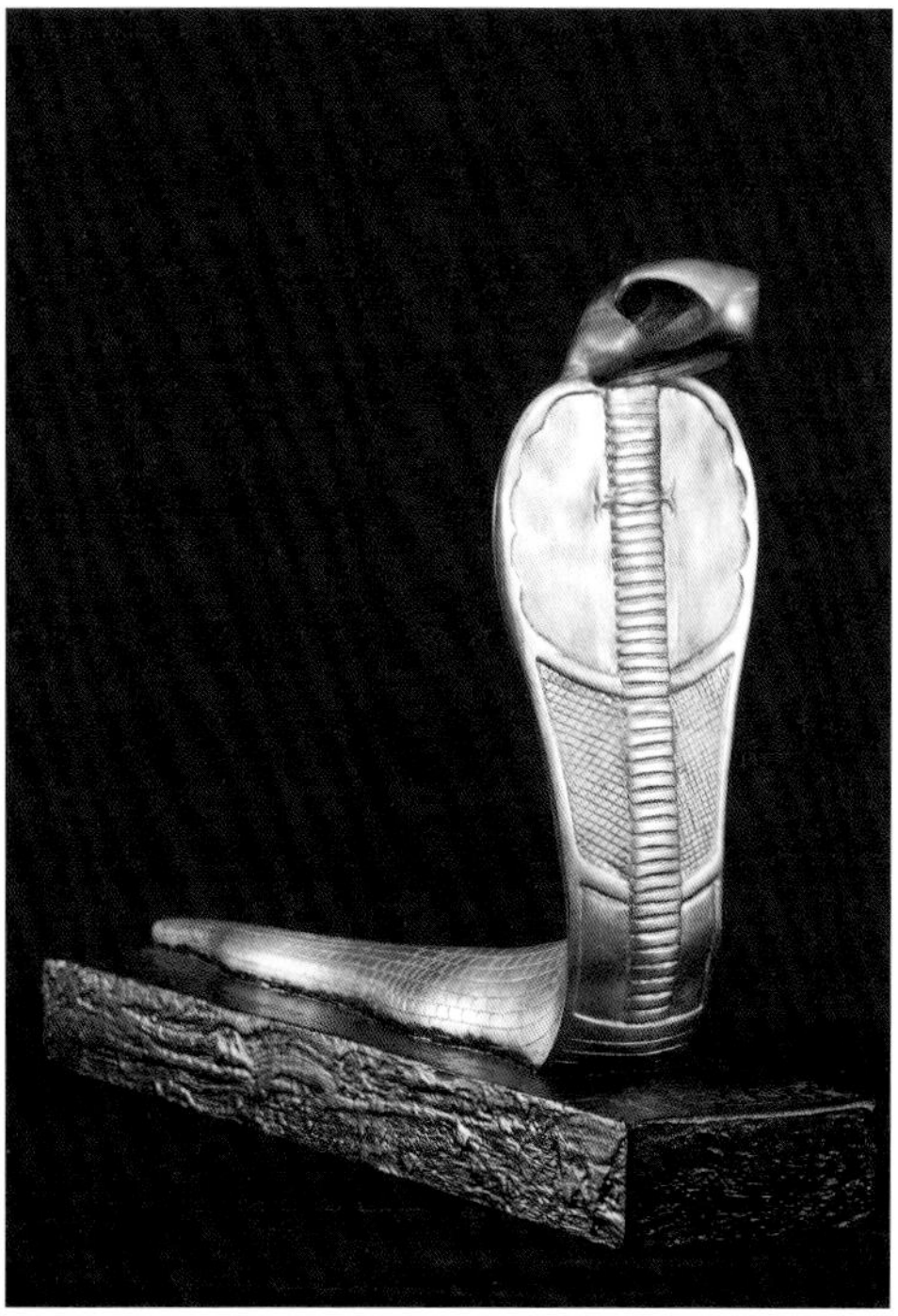

ウラエウス姿のネチェルアンク神。

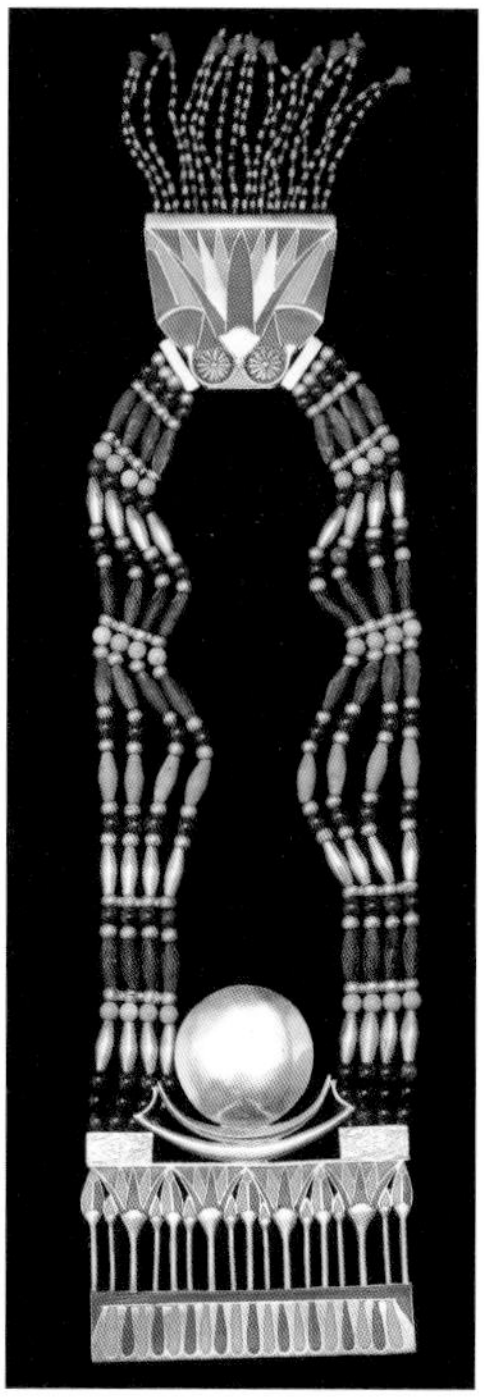

ロータスの茂みに浮かぶ太陽の船の胸飾り。

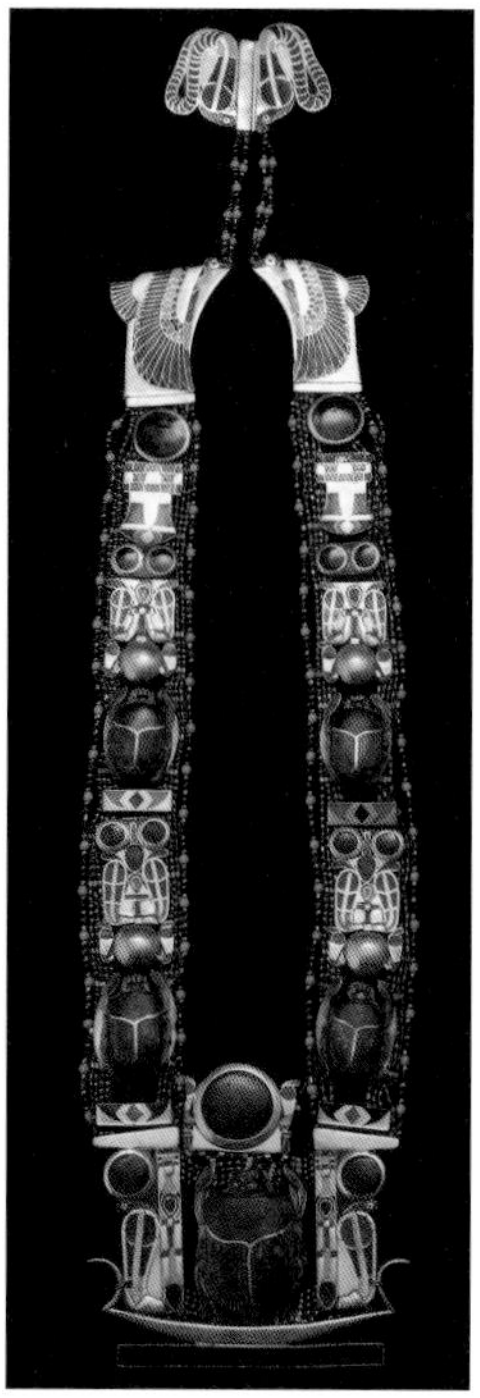

錘つきの複数のスカラベがついた胸飾り。

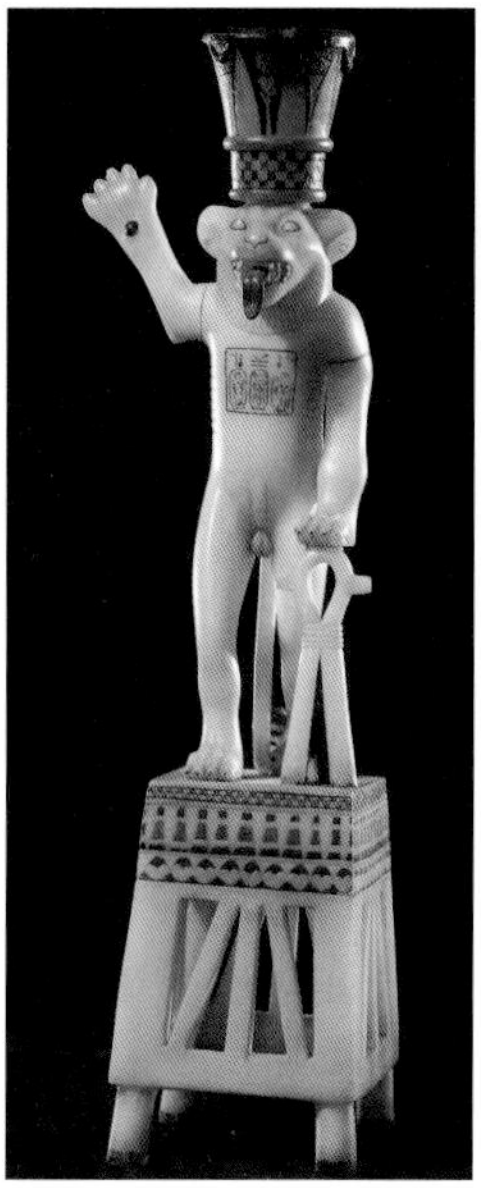

強さの象徴、雌ライオン姿のセクメト女神の木製金張り像。

ネフェルテム神のロータスを頭に載せたベス神の、アラバスター製の香油壺。

「生命」の象徴の「アンク」を象っている、木製金張りの鏡入れの蓋。

ヌビア風の鬘をかぶり両手に殻竿を持つツタンカーメンのシャブティ。

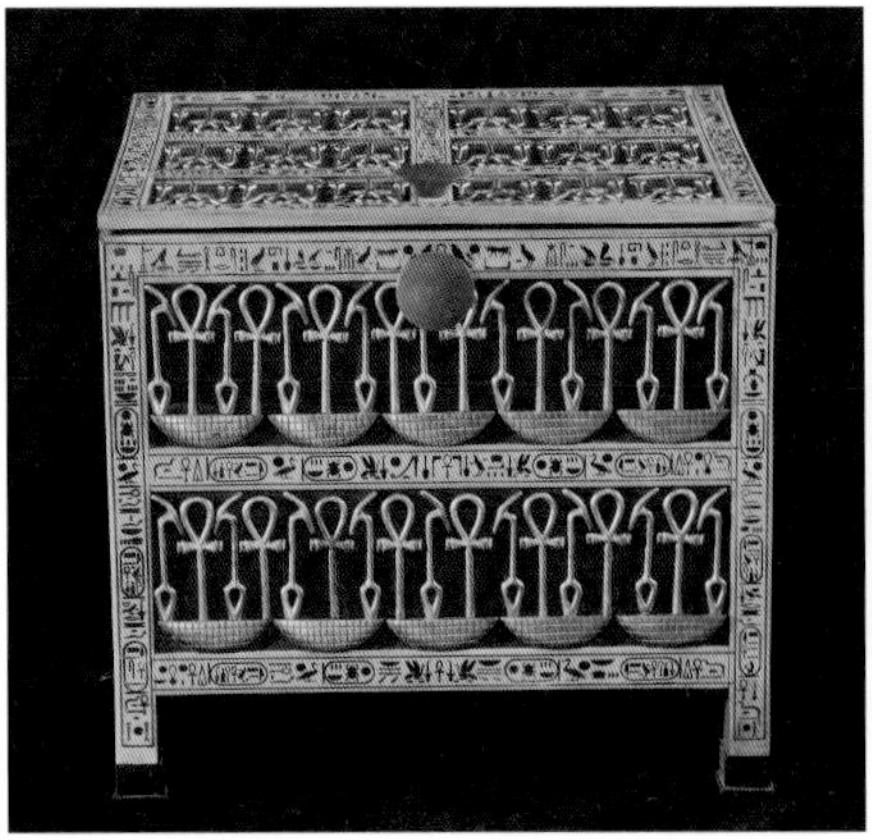

「アンク（生命）」と「ワス杖（支配）」の連続模様が全体を覆う木箱。

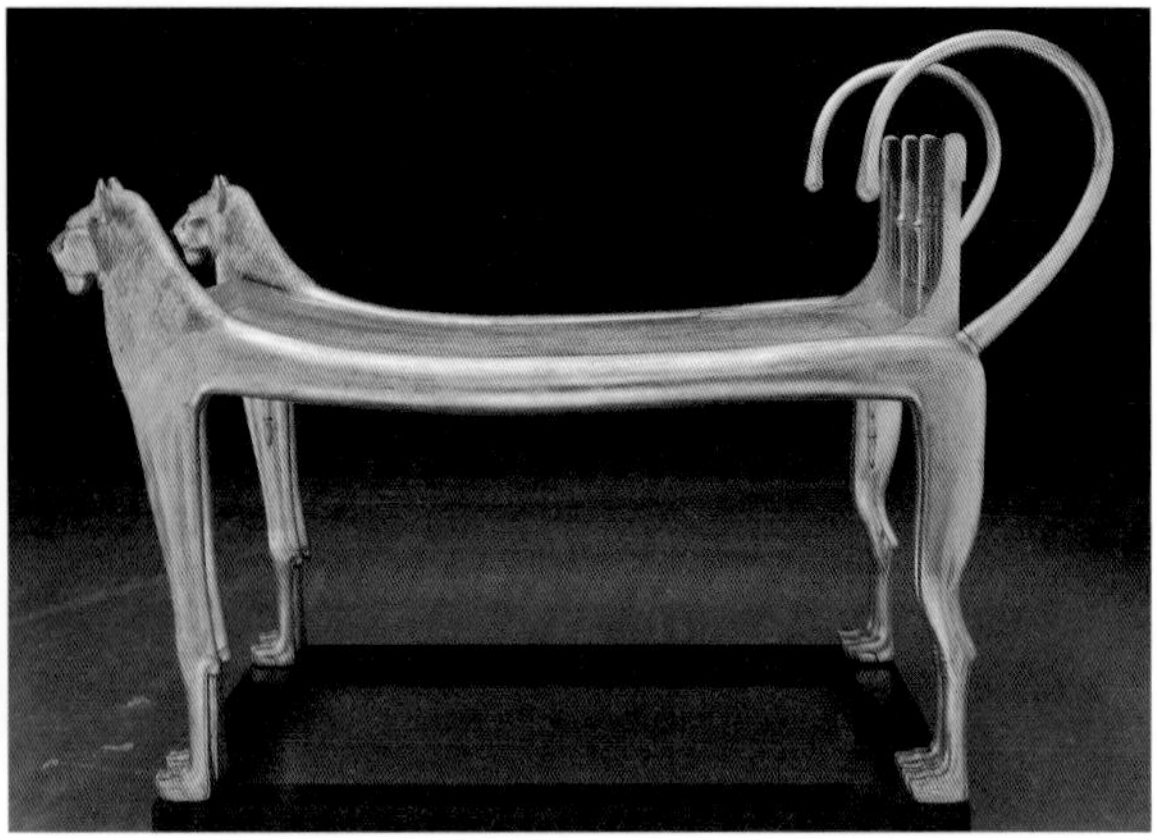

雌ライオンの飾りのある祭儀用寝台。

デシェレト（赤冠）をかぶり、殻竿と杖を持つツタンカーメン像。

「アンク」と「ワス杖」を手に持つ創造神プタハ神の木製金張り像。

子供のミイラにかぶせてあった金箔カルトナージュ製のマスク。

エジプト考古学博物館のツタンカーメンのシャブティたちの展示。

提供：CME モルゲンランド / 写真：村尾昌美 + 竹脇献 / © ANKH

第六章 少年王をめぐる人間模様

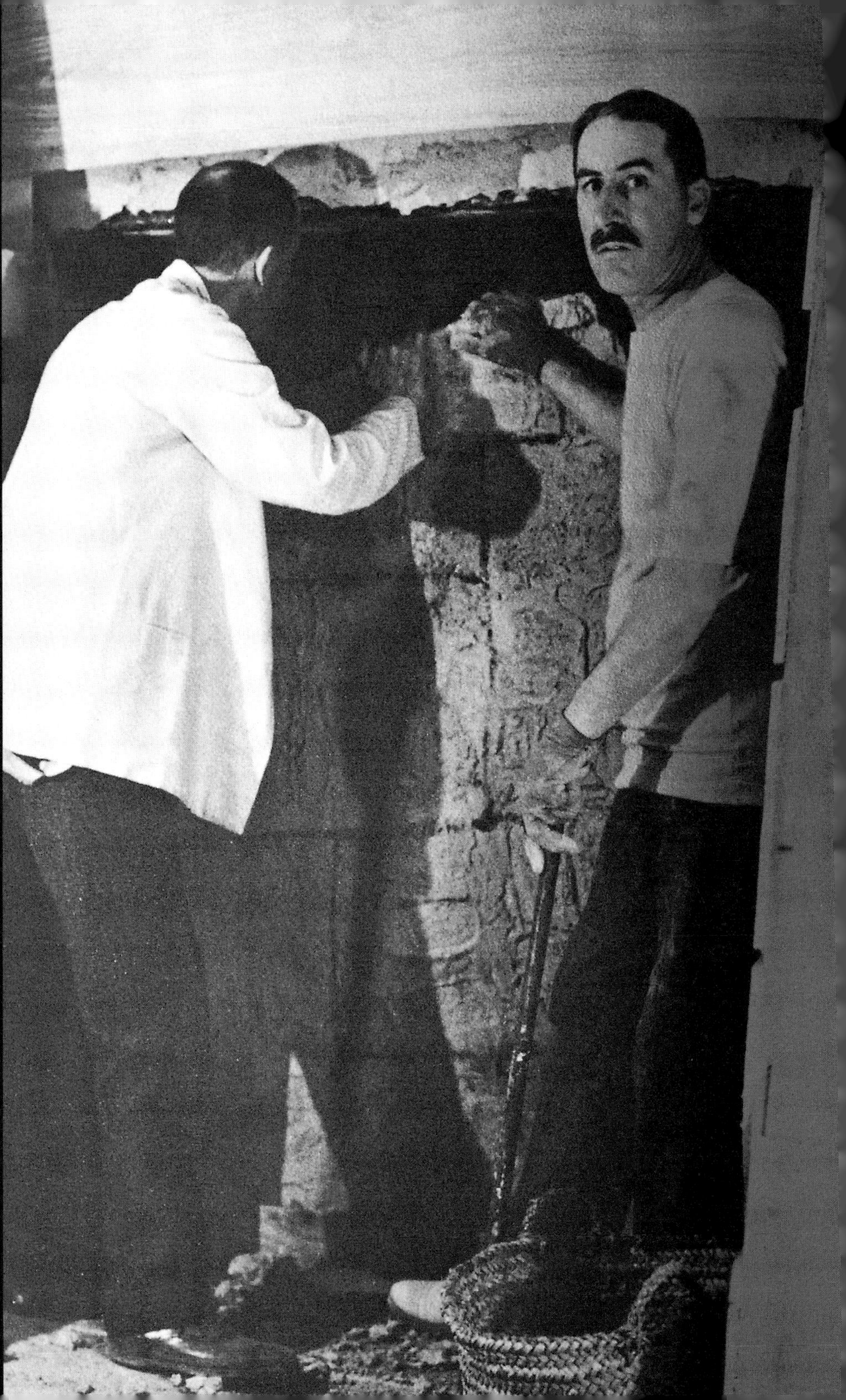

左からカーナヴォン伯の娘イーブリン、カーター、カーナヴォン伯。

発見の日

イギリスの考古学者ハワード・カーターは１９１７年以来、「王家の谷」でツタンカーメン王墓の発掘を続けていた。しかし、5年にわたって掘り続けても墓が発見されないので、資金提供者であるカーナヴォン伯は次回の発掘を中止する考えに傾いていた。墓の存在を確信するカーターは強く伯に訴え、あと1期だけという約束で第6次の発掘に着手する。もしも伯が手を引いたとしても、カーターは自費で続ける決心をしていたようである。結果的に、カーナヴォン伯の決断は世紀の大発見という幸運をもたらすこととなった。

ついに扉が姿を現わす

１９２２年10月28日、カーターはルクソールに到着。3日ほどかけて労働者を集め、発掘の準備にとりかかった。前回の発掘では、ラメセス6世王墓の北東まで掘り進んだところで作業を中断していた。この地点には同王墓発掘の際に建てられた労働者用の粗末な小屋がいくつか残されており、まず最初に、地下の岩盤から3フィート（約1メートル）上の地面に建てられていた古い小屋を取り壊し、土砂を取り除く準備をして11月4日の朝を迎えた。カーターが現場に着くと、日頃はアラビア語でにぎやかに会話しながら働いているはずの労働者たちが沈黙し、異様に静まりかえっている。作業も中断しており、カーターは何か異変が発生したのを知った。取り壊した小屋の下に、地下に続く階段らしきものの入口が発見されたのである。

　後日、カーターは手記の中で、あまりに話がうますぎて本当とは思われなかったと記しているが、これこそ、以後10年ほど続く、輝かしく、そして困難なツタンカーメン王墓発掘史の出発点であった。

　この入口はラメセス6世王墓の入口を正面に、右下方4メートルほどのところに位置していた。このあたりの墓でよく見られる下降階段と構造的に同じものであった。カーターは手記に、ついに目指す王墓を発見できたのではないかと前向きに考えようとしたと書き残している。

　その希望的観測はのちに的中することになるのだが、この時点ではまだ手放しで喜んではいない。墓泥棒に荒らされ略奪されたあとの空墓ではないか、あるいは入口部分だけの未完成の墓ではないか……これまで何度も経験した失望が頭をよぎる。

　ともかく土砂を取り除く作業を続け、翌5日の午後には入口上部をはっきり確認できた。こうなると日頃は冷静なカーターもさすがに興奮を隠せず、みずから作業に加わり、さらに3メートルの下降通路を発見、夕刻には12段の石段の先に漆喰塗りの封印された扉の上部を発見した。このときカーターは、永年にわたり忍耐強く発掘を続けた努

玄室の扉は、王の墓の証明であるカルトゥーシュ（王名枠。下に結び目のある輪で、その中に王の名を記したもの）で封印されていた。

宝物室発掘時。アヌビス神が入口に向けてカノプス厨子を守るように座っていた

力が報いられ、谷は自分の信念を裏切ることなく祝福してくれた、と熱っぽい表現で感動を記している。

カーナヴォン伯を待つ

続いてカーターは、封印に刻まれているはずのカルトゥーシュ（王名枠）を懸命に探したが、王家の墓であることを示す山犬と9人の捕虜の刻印ばかりで、このときは発見にいたらなかった。そこでカーターは新たな疑問を持つ。墓の様式は永年の経験から第18王朝時代のものであると推定できるが、はたして王墓なのか。王族か貴族の墓では？　はたまた、副葬品の隠匿場所でしかないのでは？　カーナヴォン伯が谷に到着して発掘を再開する日まで、これらの疑いがカーターを悩ませ続けることになる。

第2の王棺発見時。花輪がかけてあった。王妃アンク・エス・エン・アメンの最後のプレゼントか。

この扉まで掘り進んだ時点で発掘作業を一時中断、保安のため土砂を埋め戻し、労働者のうちから信頼できる者を選んで警備に残したカーターは、後ろ髪を引かれる思いで、月光の冴えわたる荒涼とした王家の谷を宿舎に向かって馬を走らせた。王家の墓であることは確認できたが、さていったい誰の墓であろう……カーターはあらゆる想像をめぐらせながら、その夜は一睡もできなかった。

6日朝、カーターはイギリスのカーナヴォン伯に電報を打った。「ついに谷で見事な発見。無傷の封印されたすばらしい墓。あなたの到着を待つため、元どおりに閉鎖。おめでとう」。伯からは折り返し、20日にアレクサンドリア着予定との返電があった。2週間の待機の間、カーターは安全のため入口を発見前の状態に戻し、来るべき発掘作業再開にそなえて準備を進めた。

ロウソクの光の先に

23日、カーナヴォン伯が娘のイーブリンを伴ってルクソールに到着。カーターはさっそく発掘を再開した。24日には階段が実は16段であったことが確認され、山犬の刻印の下数インチ（1インチ＝2・5センチ）にツタンカーメン王の名を示すカルトゥーシュも発見

第2の王棺を開けて第3の王棺を調査するハワード・カーター。

今もツタンカーメンのミイラは、玄室内に眠っている。

された。さらに扉をよく調べてみると、無傷ではなく、1度ならず2度は開かれており、おそらく墓泥棒が入ったことが推察された。

ともかく翌25日、扉を取り外してみると、石段と同じ幅の下降通路が数メートル続いており、石ころやがらくたがいっぱい詰まっていた。それらを片づけてゆくと、陶片、アラバスターの壺その他が発見された。

26日、さらに作業を続け、最初の扉から約9メートル奥に第2の扉が現われた。これも2度にわたって開けられた跡があったが、カーターは扉の左上隅に穴をあけ、内部にロウソクを差し入れてのぞきこんだ。ロウソクの光に慣れたカーターの目に映ったのは、黄金色に輝く動物や人の像など、信じられない光景であった。驚きに打たれて言葉を失った彼の後ろでは、カーナヴォン伯、イーブリン嬢と助手のカレンダーが息をつめてカーターの言葉を待っている。ついにカーナヴォン伯がこらえきれずに聞いた。

「何か見えるかね」

カーターは、「はい、すばらしいものが」と答えるのが精いっぱいであった。

秘話

ハワード・カーターの手記によれば、1922年11月26日、第2の扉にあけた穴から内部を確認したのち穴をふさぎ、そのまま引き揚げたことになっている。墓が発見された場合、発掘を続けるにはエジプト政府の監督官の正式な立ち会いが必要なのである。しかし、当夜のカーターの記述にはかなり曖昧な点があると私には感じられた。とはいえ、カーターはその我慢強さ、「ジョンブル」といわれるイギリス人の折り目正しさによって欲望を抑えたものと、尊敬の念をこめて解釈していた。

11月26日の夜の秘密

1960年に初めてツタンカーメンの墓を訪れて以来、長くこの考えは変わらなかったのだが、1980年、前メトロポリタン美術館館長トマス・ホーヴィングの『ツタンカーメン秘話』という一冊が日本でも刊行され（屋形禎亮訳、白水社刊）、その記述を見るにいたって、私は考えを変えた。

ホーヴィングによると、ツタンカーメン王墓の出土品はカイロ博物館にのみ所蔵されているはずなのに（のち一部はルクソール美術館蔵となった）、メトロポリタン美術館にもツタンカーメンの副葬品があることにかねてから疑問を持ったという。そしてさまざまな資料を丹念に調べた結果、あの11月26日の夜、実はカーターらは墓の内部に入っていたと結論づけたのである。

同書によれば、彼らは小さな穴からのぞいただけでなく、侵入できる大きさに穴をあけ、カーター、カーナヴォン伯、イーブリン嬢の3人が内部に入り（助手のカレンダーは肥満のため入れなかったらしい）、翌朝まで中にいた。そしてポケットに収まる大きさの美術品をいくつか持ち出し、このうちの数点が後日、カーナヴォン家からロンドンの美術商経由でメトロポリタン美術館に売られたという。しかも、このカーターらの美術品持ち出しは、いわば公然の秘密であったらしい。カーター自身も親しい友人に宛てた手紙の中で、当夜、副葬品とともに一夜を過ごしたことをほのめかしている。しかし、エジプト政府はこの件に関してはなぜか寛大で、ほどなく監督官立ち会いのもとで扉が開かれ、カーターらは発掘作業を続けることができた。

カーターは発掘を始めて以来、2エーカー（約2500坪）におよぶ土地を碁盤目に区分けし、1マスずつ手作業で掘り下げてはつぶしていくという基本方針でやってきた。その地道で大変な作業を続けて6年目に、幸運にもツタンカーメンの墓を発見したのである。

トマス・ホーヴィング。

カーターは感情よりも理性の人であったようだが、予想もしていなかった宝を眼前にしたときの興奮は察するに余りある。ホーヴィングがカーターを泥棒呼ばわりするのもわかるが、エジプト考古学史上、最高の金字塔をうち立てた考古学者として彼を認めている者としては、この持ち出し事件も大目に見たいのだが、いかがなものだろうか。

もう1つの証拠

とはいえ、メトロポリタン美術館のほかにもエジプト国外にツタンカーメン王墓出土とされるものを所蔵しているところがあり、ブルックリン美術館にも4点ある。象牙製の着色バッタ、やはり象牙製のスプーンと少女像、色ガラス製の小壺で、いずれも当時をしのばせる香り高い美術品である。これらはカーターの遺産を購入したロンドンの古美術商から同美術館が買ったもので、カーターが王墓から持ち出したものであると美術館発表の論文（1948年）で認めている。

1983年、日本各地でブルックリン博物館秘蔵名品展が開催されたおり協力することになった私は、この件について美術館の学芸員2人に突っこんだ質問をしてみたが、2人とも多くを語ろうとはせず、大げさにお手上げのポーズをした。このとき発掘からすでに60年以上の歳月が流れており、1922年11月26日の一夜は、その流れのうちに埋没していくようにも思われたが、残念ながら汚点はやはり汚点として残るということだろうか。

前室を発掘した際の光景。戦車や寝台が無造作に置かれていた。

[redacted]

2人の先覚者

ハリー・バートンとマクシム・デュ・カン

古代エジプトに関する写真記録を残した2人の先達を紹介したい。まずは、1800枚におよぶツタンカーメン王墓発掘現場と出土品を記録したハリー・バートンから――。

ハワード・カーターの片腕――ハリー・バートン

ハリー・バートンはメトロポリタン美術館の専属の写真家で、1922年のツタンカーメン王墓の発見・発掘の初期からハワード・カーターの片腕として活躍した。写真家としての技量は抜群で、狭い墓室内でも1つ1つの対象を正確に、見事にとらえており、1800枚におよぶ写真は27冊のスクラップブックにまとめられ、発掘現場のありようを生々しく伝えている。現在、これらの写真はメトロポリタン美術館に保管されているが、プリントの一部はオックスフォード美術館のアシュモレアン・インスティテュートに収められ、カーターの残した資料とともに一般公開されている。

第3の厨子扉を開けるカーター。

ちなみに、かつて私は、「秘話」の項で触れたメトロポリタン美術館館長トマス・ホーヴィング氏から、ハリー・バートンの写真とあなたのカラー写真を組み合わせてツタンカーメンの本を出してはどうか、とまことにありがたい提案をいただいたことがある。氏は当時、現役の館長で、アメリカ建国200年祭の一環として世界各地でツタンカーメン展を行なう準備のためカイロに滞在していた。そしてその提案は、カイロ博物館の館長モハメッド・サレハ氏に紹介され、さまざまな興味深いお話をうかがいながら食事をともにしたときになされた。残念ながらその提案はいまだ実現していないが、本書で同業の大先輩ハリー・バートン氏の写真を数点掲載させていただいた。彼に絶大な賛辞を捧げたい。

歴史に残る金字塔――マクシム・デュ・カン

写真の原理は1835年、イギリスのタルボットによって発見され、37年にはフランスのダゲールによって「ダゲレオタイプ」という撮影法が考案された。このダゲレオタイプが39年にフランスの科学アカデミーで公開され、写真術が正式に誕生する。それからわずか10年後、「カロタイプ」という新しい写真術を修得した1人のフランス人が友人の作家フローベールと連れだってエジプトに渡った。このフランス人こそ、古代エジプトの記録写真に偉大な一歩をしるしたマクシム・デュ・カンである。

その背景としては、当時フランスでは、1798年のナポレオン遠征の成果の1つとして皇帝の名のもとに刊行された大冊『エジプト誌』(1828年。「ネクロポリスの訪問者」92頁参照)に端を

カーターによって発見された前室内の遺物。

発したエジプト熱に、1822年のシャンポリオンによるヒエログリフ解読が拍車をかける形で、古代エジプトに対する関心が高まりを見せていたということがある。19世紀中頃には蒸気船が定期便として地中海航路に就航し、マルセイユ―アレクサンドリア間を片道10日で行き来できる便利な時代になっていた。先の2人だけでなく、ヴィクトル・ユーゴーやジェラール・ド・ネルヴァル、テオフィル・ゴーチエ、シャトーブリアン、ピエール・ロチ、さらにはアメリカのマーク・トゥエインまで、多くの文化人がエジプトを訪れている。

そういう時代に、マクシム・デュ・カンは重い撮影機材をたずさえてエジプト、ヌビア、パレスティナ、シリアの各地を旅行して約2000枚の写真を撮影した。そして1854年、これらの写真をまとめた本を出版し、エジプト現地記録の初の集大成としての金字塔をうち立てたのである。ハリー・バートンの王墓発掘の写真とは違って、マクシム・デュ・カンの作品は主としてて遺跡の記録であるが、ともにエジプト学の貴重な資料として今なお輝きを失っていない。

王墓の内部構造について

王家の谷にある王墓は、供養をする施設とは分離され、埋葬施設としてつくられた。第18、19、20王朝の王たちの墓がある。内部はまず下降階段で地下へと降りていく。大きい墓では、途中に通廊があり、また階段で奥深く下っていく。王の遺体が安置される玄室へ行くまでには、儀礼的な竪穴や柱のある列柱の部屋があったりする。神々の姿や太陽神への賛歌が壁に描かれていることが多い。玄室へ入る前につくられている前室では、王が神々に迎えられている場面が描かれた。

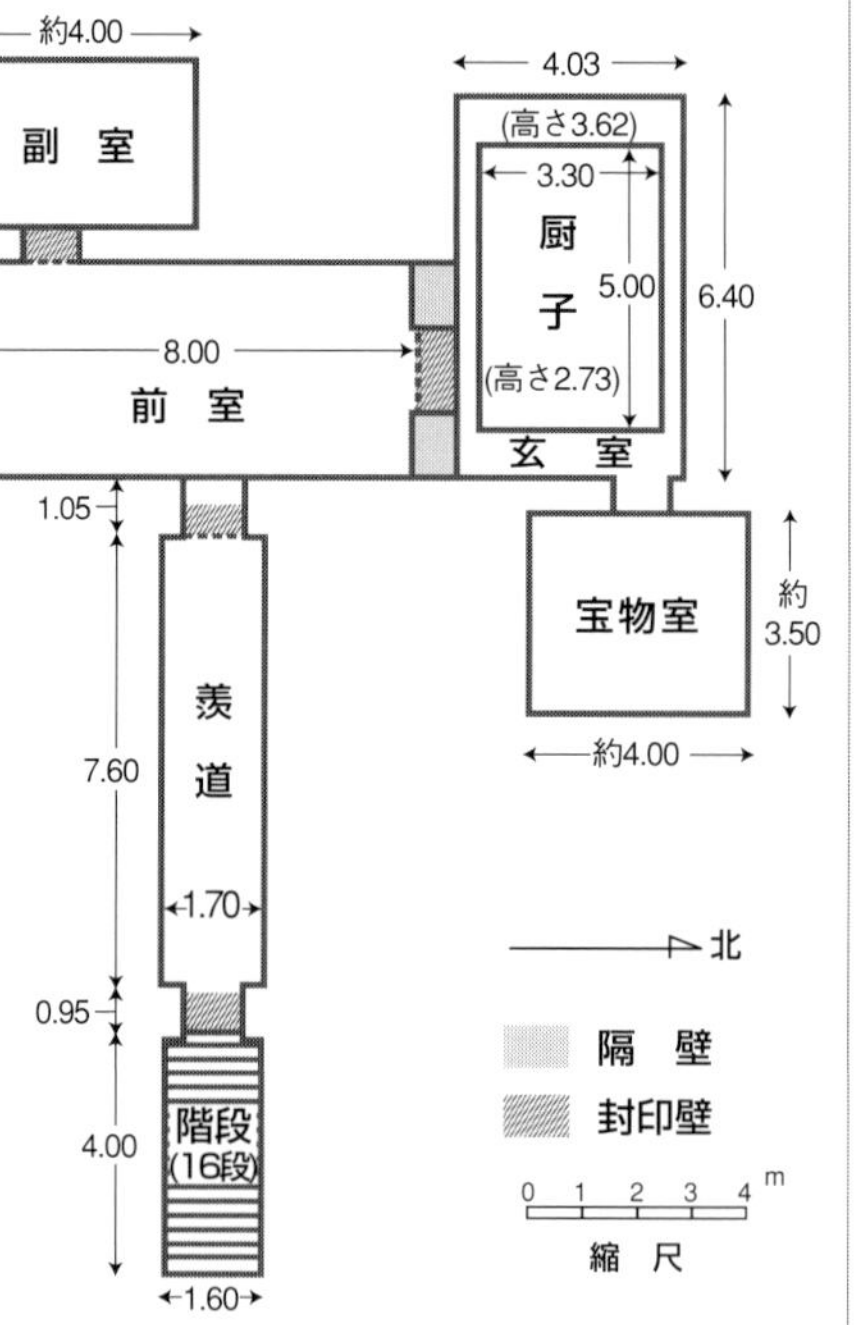

ツタンカーメン王墓内の構成

玄室に入ると、そこはもう1つの宇宙空間で、ミイラとされた王の遺体を守護するための呪文や、来世でオシリスとして過ごすための冥界の宗教文書などが壁いっぱいに書かれている。部屋は、来世で必要と考えられた副葬品を納めるため副室がいくつか用意されている。遺体の一部を納めたカノプス壺や彫像のための壁龕《がん》もある。中央の石棺には、王の遺体はない。何人かの王たちは、カイロの考古学博物館のミイラ室に眠っている。

ツタンカーメンは例外で、いまも東谷の彼の棺の中にいる。前々王のアメンヘテプ3世も次王のアイも少し離れた西谷に埋葬された。アイの墓はアマルナ時代の影響があってか、光が玄室まで直進するよう部屋や通路を配置している。以後もこの構造は踏襲された。テーベに戻ってきたツタンカーメンの遺体は、アメンヘテプ3世ら第18王朝の王墓のように、下降階段や通廊を降り、前室で直角に折り曲がるようにつくられている。前の王たちの墓壁は、パピルスの巻物をひろげたように圧巻であるが、ツタンカーメンのためには、壁画のスペースも用意する時間もなかった。それを補うように、黄金の厨子の壁面パネルに先王たちをしのぐ「冥界の書」や「死者の書」が彫りこまれた。墓壁画は神々に見せるもの。彼もやはりほかの王たちと同じような待遇をうけたと考えてよいのだろう。（村治笙子）

第七章

発掘者たち

ネクロポリスの訪問者

５００年にわたって墓づくりが続けられた「王家の谷」も、紀元前１０７０年頃の第20王朝最後の王ラメセス11世の埋葬を最後に、墓づくりに終止符が打たれた。以後、５００年ほどの間、谷は見捨てられた状態になっていた。しかし、アレクサンドロス大王のエジプト遠征によって誕生したプトレマイオス朝（前３０５年～）以後、地中海を渡ってエジプトを訪れるローマやギリシアの人々が多くなり、「ネクロポリス（死者の町）」やその奥の王家の谷を訪れる人も少しずつ増えていく。

古い文献に現われるエジプト

もっとも、ギリシアの詩人ホメロス（前８世紀頃）の作とされる『イリアス』ですでにルクソールは「百門の都テーベ」と称され、その華麗な繁栄ぶりを讃えられていた。第26王朝（サイス朝）のプサメティコス１世（前６６４年）の頃にはエジプトで商業活動をするギリシア人も多かった。だが、それだけでなく、ルクソールの巨大な神殿、葬祭殿、ネクロポリスの私人墓（政府高官、富裕な人々の墓）、そして王家の谷など、神秘的な遺跡の数々がピラミッドとはまた違った魅力を持つものとして訪問者に注目され、この国の古い歴史や文明の跡を自身の目で確かめ、体験したいと思われるようになってきたのである。

前59年にルクソールを訪れたディオドロスによれば、この時期、すでに王家の谷では14の王墓が観光客に公開され、入室さえできたという。

ちなみに実際にエジプトを訪れ、エジプトに関する最初の著作を著わしたギリシア人はミレトスのヘカタイオスといわれている。彼は前6世紀末頃エジプト各地をめぐり『世界地誌』を著わしたが、完本は現存していない。次に前４５０年頃、ヘロドトスがエジプトを含むオリエントを旅行し、『歴史』という著作にまとめた。彼は「エジプトはナイルの賜物」という名言を残し、歴史学の父と称賛され、『歴史』は現在でも読み継がれている。また、かのプラトン（前4世紀頃）もエジプトを訪れ、『パイドロス』を残したことが知られる。

なお、前3世紀初め、『エジプト史』を著わし、時のプトレマイオス2世に献上したのはエジプト人の神官マネトである。やはり完本は残っていないが、最初に統一国家を成立させたメネス王からアレクサンドロス大王のエジプト征服までを30の王朝に区分し、その歴史を述べている（6頁「アマルナ革命の終焉まで」参照）。ギリシアのデルフォイの神官で哲学者・著述家でもあったプルタルコス（プルターク）が後1世紀にまとめた大冊『イシスとオシリス』の参考としたのも、この『エジプト史』であった。

エジプト再発見まで

先述したように、前3世紀から後2世紀の間には、いわゆる古典世界に属する人々が多くエジプトを訪れ、ローマ皇帝も初代のアウグストゥスをはじめ、ウェスパシアヌス、トラヤヌス、

メムノンの巨像。

ハドリアヌス、カラカラなどがエジプトの土を踏んでいる。中でもセプティミウス・セウェルス帝は、テーベ西岸のアメンヘテプ3世（前１４００年頃）の葬祭殿入口につくられたメムノンの巨像と呼ばれる王の像が泣き声を出す（一説には、石像に穴があいており、そこを風が通過することですすり泣きのような音がしたという）のを修理し、泣くのを止めたという逸話も残っている。

その後、キリスト教の時代を経て7世紀中頃にアラブ勢力が政治の中心となると、古代エジプトに対する関心は薄くなり、約１０００年の間、ルクソールはまた忘れられた存在となる。ルクソールが再び注目されるには、ヨーロッパのルネサンスとその後のオリエント・ブームを待たねばならなかった。

14世紀のイタリアに始まり、16世紀までにはヨーロッパ全土に広まったルネサンス運動の間、各国の王侯貴族や富裕な人たちも古代ギリシア・ローマに目を向け、古代の美術品を集め、その富や権勢を誇示すると同時に純粋に観賞を楽しんでいたが、しだいに飽きられていった。17～18世紀になると、古代ギリシア・ローマに代わって雰囲気の異なるエジプト、インド、東南アジアから中国、日本の、いわゆるオリエント美術に興味が移っていく。古代エジプトの神秘的な美術品の需要が急速にふくらみ、エジプトは再び光を浴びるようになった。

ロゼッタ・ストーンと『エジプト誌』

そんな中、１７９８年に始まるナポレオンのエジプト遠征は軍事的には失敗に終わったが、副産物としてエジプト考古学に輝かしい成果をもたらした。最大の発見は、のちに発見場所にちなんで「ロゼッタ・ストーン」と呼ばれるようになった石碑の遺物であろう。玄武岩の碑の上段にはヒエログリフ（聖刻文字）、中段にデモティク（古代民衆文字）、下段にギリシア文字が碑文として刻まれていた。その内容は、エジプト王プトレマイオス5世治世下にメンフィスで発布された法令が刻まれている。ナポレオンがエジプトを脱出する直前の１７９９年8月、下エジプトで発見されたものだが、フランス軍の降伏時にイギリス軍に引き渡されてしまった。しかし、フランス側も碑文のコピーを取っており、それがヒエログリフの解読に結びつく。紆余曲折を経て１８２２年、フランスの言語学者フランソワ・シャンポリオンがついにこの古代絵文字の解読に成功、それまで歴史の闇に埋もれていた古代エジプトに光が当てられ、真の意味でのエジプト学が始まったといっても過言ではないだろう。奇しくも、ツタンカーメン王墓発見のちょうど１００年前のことである。

さらにナポレオンの学術的貢献として、フランス学士院会員を含む１６９人に学術調査をさせたことがあげられる。調査団は帰国後、フーリエを主幹として『エジプト誌』を１８２２年に完成させた。ナポレオン自身も校閲し

アレクサンドロス大王。

たという本文9巻・大型図録13巻という大冊で、銅版画が多数掲載され、エジプト学研究には欠かすことのできない文献資料であると同時に、当時の人々のエジプト熱をあおり立てた。１７８７年に発明されていた蒸気船が19世紀後半にはイタリア―アレクサンドリア間を3日半で結ぶ定期便を開業し（以前はガレー船で6日を要した）、エジプトへの旅行者は急速に増えた。

美術品の国外流出

　１８０５年、タバコ商人出身のムハンマド・アリがエジプト太守として主権を握ったが、彼はエジプト人ではなかったので、盗掘者によって掘り出された美術品はほとんど無制限に国外へ持ち出された。１８１０～50年頃にかけて、貴重な考古学資料が次々に国外に流出してしまったのである。たとえば――、ナポレオンのエジプト遠征に大佐として参加したドロヴェッティは１８１０年にエジプト駐在フランス総領事となり、みずからも発掘に参加して１０００点を超す美術品を収集した。

外交特権を行使して持ち出されたこれらは、まずイタリアのトリノ美術館に買い上げられた。このなかには、アメンヘテプ2世と3世、ラメセス2世の彫像という逸品が含まれている。これに味をしめたドロヴェッティは、続いてルーヴル美術館、さらにはプロイセン王国にまで売り込んだ。

　この道のもう1人の代表者はイギリスのヘンリー・ソールトであろうか。画家出身のソールトもやはりエジプト総領事となり、有名なイタリア人発掘者ジョヴァンニ・ベルツォーニを使ってコレクションを増やし続け、それらはフランスのシャルル10世（ナポレオン没落後の１８２４年に即位、１８３０年の七月革命で退位した）に買い上げられた。これものちにルーヴル美術館に収められ、ドロヴェッティのコレクションと合わせると４０００点を超えるといわれ、同館のエジプト美術部門の基礎となっている。

　ソールトの死後、なお１０００点を超すコレクションは大英博物館の買い上げとなり、ロゼッタ・ストーンとともに同館のエジプト・コレクションの中核となっている。

ロゼッタ・ストーン。

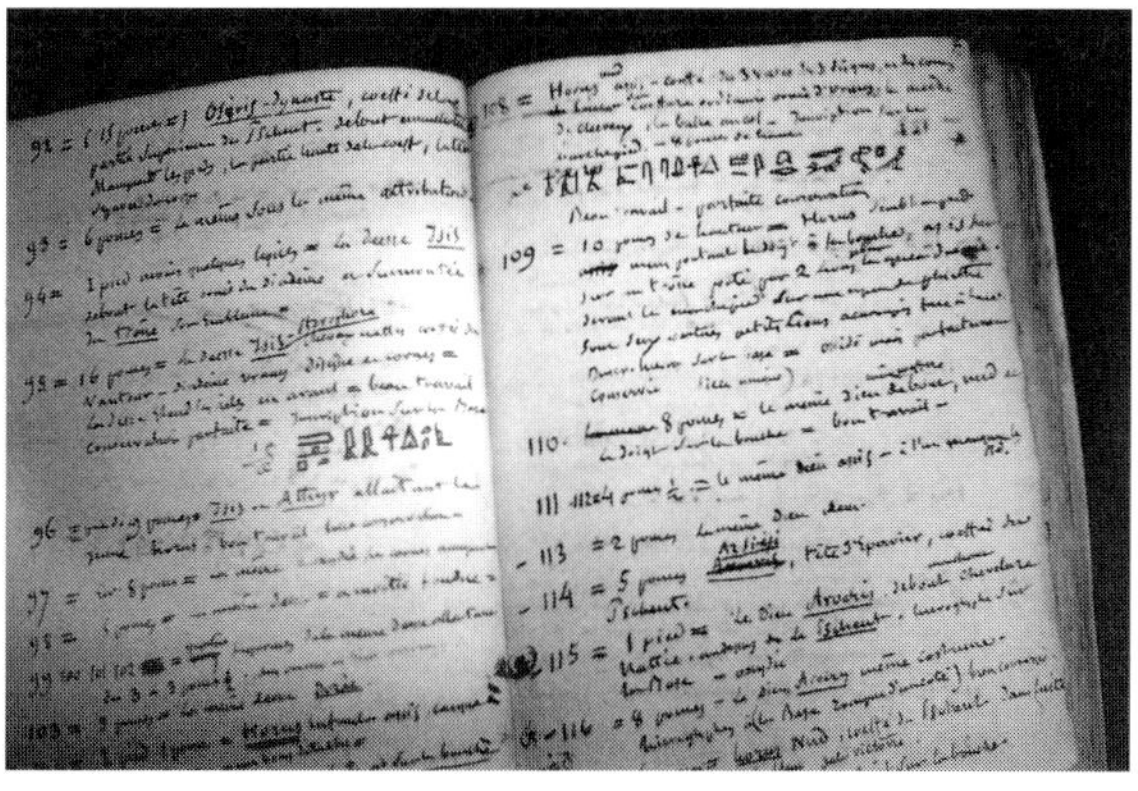
ロゼッタ・ストーンを解読したシャンポリオンのノート。

[redacted]

カーターとデイヴィス

ハワード・カーターは1873年、イギリス東部ノーフォーク州のスワッファムで9人兄弟の末子として誕生した。動物画家であった父は、少年時代から絵の才能に秀でたカーターを、後援者だったアマースト卿を介して高名なエジプト学者ニューベリーに紹介した。このときから、カーターのエジプトとの運命的な出会いが始まる。

最初のパトロン――大富豪セオドア・デイヴィス

1890年、ニューベリーはカーターをつれてエジプト調査旅行に出た。当時17歳のカーター少年は、将来の幸運への記念すべき第一歩をエジプトの地にしるす。

まずはニューベリーのために、画才を活かして遺物・刻文その他の写生や模写に精を出した。続いて、やはり高名なエジプト学者フリンダース・ピートリーの助手としてアクエンアテンの宗教改革の地テル・エル・アマルナの発掘に参加し、その仕事ぶりが評価された。そして当時エジプトの考古局長でカイロ博物館長を兼任していたフランス人考古学者ガストン・マスペロに同博物館員として採用され、順調なキャリアを歩みだす。同時にこの頃から、カーターは独学でエジプト史やヒエログリフを学び始めている。99年には、26歳の若さで上エジプト・ヌビア地区の初代首席調査官に任命された。この時期の彼の業績の1つに、「王家の谷」の6つの代表的な王墓内に電灯を取り付け、訪問者の便宜を図ったことがあげられる。

さて1903年頃、王家の谷の中でも最大級のセティ1世王墓の玄室の天井の一部が崩れ落ちるという事故が発生した。この頃、カーターは調査官就任以前から支給を受けていたエジプト探査基金を使いはたし、次の資金源を探す必要に迫られている状態で玄室修復のめどが立たなかった。そこで、1889年以来、毎年ルクソールを訪れ、発掘調査に関心を持っていたアメリカの大富豪セオドア・デイヴィスに相談したところ、快く資金を出してくれ、首尾よく修復することができた。このときからデイヴィスは、カーターのツタンカーメン王墓発見を助ける重要人物となった。

デイヴィスはロードアイランド出身の弁護士で、銅資源開発で財をなした成金でもあった。夫人同伴で毎冬ルクソールに避寒に来ては小型観光船ダハベイヤでナイルを上り下りして優雅に余暇を楽しんでいた、まさにアメリカン・ドリームを代表する百万長者の1人である。

そして、谷は掘りつくされた

セティ1世王墓の修復以来、カーターはこのアメリカ成金と親しくなり、デイヴィスが王墓発掘に関心を持っていることを確信すると、出資者とするべく魅力的な餌を用意した。デイヴィスはそれを受け入れ、1902年2月に王家の墓の発掘権を入手し、カーターに資金を提供してラメセス2世と4世の王墓にまたがる地区の発掘を始め

ハワード・カーター。

たものの、何も発見できなかった。次いで掘ったラメセス2世の王子たちの墓付近からも、王の頭部をかたどっただけであった。オストラコン（石片）を発見しただけであった。それでもデイヴィスはこりず、ラメセス11世王墓その他をカーターとともに掘り進めたが、朽ち果てたミイラが発見されたくらいで、やはり目ぼしい成果は挙がらなかった。しかしこの一連の発掘で、デイヴィスは王墓の魅力に取りつかれてしまったようである。

考古学の専門家ではないデイヴィスの関心は、学問上の発見よりも金や貴石に飾られた見栄えのある美術品にあった。その後、カーター以外の専門家も動員して、１９１４年までにトトメス4世やイウヤ、トゥヤ（ツタンカーメンの高祖父母）ほか考古学上貴重な墓を次々に発掘したが、巨費をつぎ込んだ百万長者の本来の「夢」はついにかなえられなかった。発掘権取得から12年目、デイヴィスは「谷は掘りつくされた」と宣言し、発掘権を政府に返し、翌15年に、失望のうちに亡くなっている。

王家の谷の発掘権は、カーターと新たな出資者、すなわち１９０７年から同地以外で発掘調査——カーターによれば、不毛な調査——を行なっていたイギリスの大富豪カーナヴォン伯のコンビに受け継がれた。

しかし、鍵は発見されていた

この頃、考古学者の間ではツタンカーメン王の存在自体が謎に包まれていた。残された王名表からアメンヘテプ4世（アクエンアテン）、のちにアメンヘテプ4世の共同統治者となるスメンクカーラー、ツタンカーメン、アイの4人の名は削り取られていて、断片的に発見される小物にツタンカーメンの名が見えるだけだったのである。ツタンカマヌーなどと妙な名前で呼ぶ学者さえいたほどだ。したがってデイヴィスによる王家の谷発掘調査中にも1906年に谷の丘の裾野で、ツタンカーメンの即位名であるネブ・ケペルウ・ラーが象形文字で刻まれた淡青色のファイアンスを発見しているが、デイヴィスはまったく関心を示さず、カイロ博物館に寄贈してしまった。

翌1907年から1908年にかけて、泥の詰まった小部屋からツタンカーメンと王妃アンク・エス・エン・アメンの名が刻まれた金箔張りの箱を発見、さらにその数日後、ラメセス2世王墓の入口から120メートルほど東に小さなピット（竪坑）を発見した。ピットの内部には、粘土杯、鳥の骨片、花輪、手ぼうき、黄色い葬儀用マスクのミニチュアなどが入った粗末な陶製の壺が二つあり、その1つの壊れた蓋を包む布にツタンカーメンの名が記されていた。デイヴィスはそれでもやはりなんの興味も示さず、これらの「がらくた」は倉庫の片隅で忘れ去られることとなった。

ところが翌1909年、のちにメトロポリタン美術館の館長となるハーバード・ウィンロックがデイヴィスを表敬訪問したおりにこれらに目をとめ、メトロポリタン美術館への土産として譲り受ける。持ち帰って専門家の眼でこれらを調べたところ、ツタンカーメンの葬儀・埋葬に立ち会った人々がその際の会食に使ったものをまとめて壺に入れ、墓近くに埋めたものであろうと推測されたのである。この発見とウィンロックのその後の調査により、もはやツタンカーメンの存在は幻ではなくなった。

ウィンロックから報告を受けたカーターも、王墓はこのピットの近くに実在するという確信を強めたことと思われる。カーターは14年6月に発掘権を取得、第一次世界大戦による中止をはさんで17年から発掘を続けていたが、続行を渋るカーナヴォン伯を強引に説得して、22年に第6次発掘に踏み切らせた。永年の思いを遂げられたのも、これらの発見と確信ゆえといえよう。

右から2人目がセオドア・デイヴィス。

C O L U M N

墓泥棒という職業

　古代エジプトには、墓の略奪を目的とした人間がかなり古い時代からいたらしい。しかも世襲の専門職、あるいは家業として行なわれていたらしいのだ。はっきりとしたことは解明されていないが、有名なピラミッドなどは、特に標的とされていた。実際、王のミイラとともに埋葬されていた多くの副葬品が泥棒の被害にあっているとの報告がある。あまり多くの略奪のために墓としてのピラミッドは造営されなくなったという歴史学者の研究もあるほどだ。

　しかし不思議なこともあるもので、墓泥棒が古代の墓を発見するという現実も、一方では存在する。もっとも有名なのは、アブドル・ラスールという人物。彼ら一族は紀元前13世紀頃から墓泥棒を家業としていたらしい。1875年、彼はハトシェプスト女王の葬祭殿の背後の竪穴から、ミイラを発見した。第18王朝から第21王朝時代にかけての王や王族の副葬品とともに約40体！

　アブドル・ラスールは、この発見を秘密にせよと一族全員に厳命した。そしてミイラとともにあった装飾品を、あたかも銀行から現金を引き出すように少しずつ取り出して売りさばいた。売上金を生活費にあてて、かなり裕福な生活をしていたことはいうまでもない。

　ルクソールの骨董マーケットで非常に価値の高い品が出回っていることに気づいたエジプト考古局は1881年、アブドル・ラスールを逮捕した。アブドルに現地を案内させたところ、トトメス3世やラメセス2世その他、新王国時代（紀元前約1565～1070年）を代表する王たちのミイラが発見されて関係者を驚かせた。

　アブドルはといえば、罪状を問われることなく、ミイラの発見者として当時で5万フランの賞金を与えられたという。

　余談だが、アブドル・ラスールの孫に私は度々会っている。彼はラメセス2世葬祭殿近くでレストラン兼安ホテルを経営していた。たまに食事に行くと日本から来たということでとても親切にしてくれた。おじいさんのことを話してくれたが、残念ながら数年前に他界してしまった。

第八章
王家の谷と古代エジプト

王家の谷

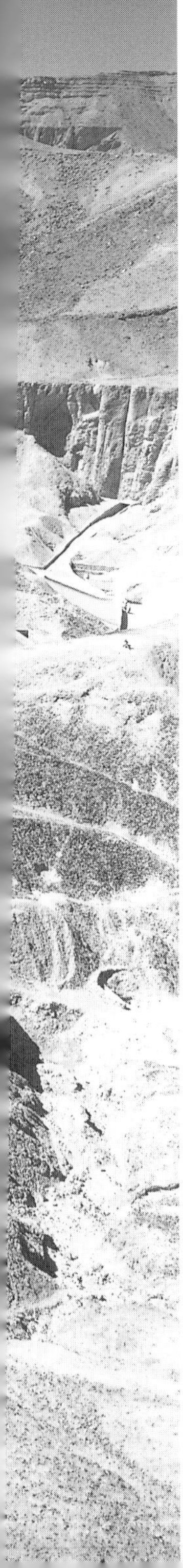

　アジアの異民族ヒクソスを追放して新王国時代の第18王朝を迎えて（前1565年頃。「アマルナ革命の終焉まで」6頁参照）、墓制に大きな変化が生じた。それまで1000年ほども続いたピラミッドづくりは中止となり、テーベ（現在のルクソール）西岸の、古代人たちがデヘネーと呼ぶ標高450メートルほどのピラミッドに似た形の山（エル＝クルン）の裾野にある涸《か》れ谷に、岩肌をくり抜いた岩窟墳墓が造営されるようになる。のちにここを「王家の谷」と命名したのは、ロゼッタ・ストーンを解読したフランス人言語学者フランソワ・シャンポリオンといわれる。

　デヘネーの山の周辺は古来よりハトホル女神の聖地である。また、エル＝クルンに連なる地平線はアケトと呼ばれ、太陽の沈む場所であった。そうしたことから、この山裾の涸れ谷が王の死後の安住の地として選ばれたのであろう。

　とはいえ、伝統や習慣に縛られ、宗教・政治・生活に変化など求めなかった古代人にとって、墓制を変えることは思い切った改革、いや革命に近い出来事であったに違いない。ピラミッドは墓泥棒に略奪されるので安全ではない――それだけが理由とは思われないのだが、実態は何も伝えられていない。谷の西方にそびえるピラミッド型のエル＝クルンに、王たちのピラミッドに対する永年の執着をうかがえる。

岩窟墳墓に眠る王たち

　初めてこの地に王墓をつくったのは第18王朝の初代イアフメスとされ、その墓は涸れ谷外側北東にあるアブ・ナジャー地区の岩山にあったといわれるが、発見されていない。次王アメンヘテプ1世の墓とされるものは2つ発見されているが、どちらが本物かは確定されていない（両王とも、ミイラは1881年、カシエと呼ばれる隠し場所からほかの王と一緒に発見された）。このアメンヘテプ1世の時代には、谷の北東デイル・エル＝メディーナの地に王墓造営にたずさわる専門の職人たちの住む村もつくられている。

　岩窟墳墓はいずれも職人たちによって岩肌深くうがたれたもので、深いものは玄室までが100メートル以上におよぶ。東西に分かれた谷のそれぞれに、新王国の第18〜20王朝にわたる約500年間に、80基ほどの王とその親族の墓が造営されている。ツタンカーメンの墓は王墓としては最も新しく発見されたもので（墓番号KV62）、例外的に小規模であった（急死だったため、急ぎ神官アイの墓を流用したのではないかと発掘者カーターは推理している）。

　現在、一般に公開されている墓は、古い順にトトメス3世（KV34）、アメ

王家の谷全景。

ンヘテプ2世（KV35）、トトメス4世（KV43）、ツタンカーメン、ホルエムヘブ（KV57）、セティ1世（KV17）、メルエンプタハ（KV8）、ラメセス3世（KV11）、同4世（KV2）、同6世（KV9）、同7世（KV1）、同9世（KV6）などである。ただし、エジプト考古局の都合で入室できない場合もある。

谷の周辺——葬祭殿群と王妃の谷

ピラミッドの時代には、ピラミッド・コンプレックス（複合体）と呼ばれるように、墓＝ピラミッドの至近距離に葬祭殿その他の祭儀を行なう建造物を建てたが、この時代以降、葬祭殿は墓と切り離して谷の東に広がる平地に造営し、そこで諸儀式を営むようになった。第18、19王朝時代には、南からアイ、ホルエムヘブ、トトメス2世、同1世、メルエンプタハ、タウセルト、トトメス4世、ラメセス2世、ラメセス3世、シプタハ、トトメス3世、ハトシェプスト女王、セティ1世らの葬祭殿が軒並み建てられていたが、現在はラメセス3世、同2世、ハトシェプスト女王、セティ1世の建造物が見られる。また、この地区からさらに東に

ツタンカーメン王墓の入口。

セティ1世の葬祭殿の内部。

シャンポリオン。

あったアメンヘテプ3世の広大な葬祭殿は、入口に建つメムノンの巨像と呼ばれる彫像が残されているだけでほかは消滅してしまっている。

なお王家の谷から1・5キロメートルほど南東には、王妃、王族、高官、富裕な人々を埋葬した「王妃の谷」がある。古代エジプト壁画のなかでいちばん美しいといわれるラメセス2世の王妃ネフェルタリの墓が最もよく知られていよう。また、谷の東側の平地から斜面にかけては、500基近くの政府高官や墓造営の職人長の私人墓が残されている。

ツタンカーメン時代の美術

エジプト美術に関しては多くの諸説があるが、ここでは主にハワード・カーターの説を紹介しつつ、私なりの考えを述べてみたい。

カーターは手記の中で、ある宗教に起源をもつ芸術を別の宗教に基づく価値観で正当に評価することはできないので、古代エジプト美術に対する批評のいくつかも公正ではなく、本質的に無価値だと述べている。たしかに、エジプト壁画を見て単調で退屈だと評する人もいるが、壁画の中には古代人たちの大切なメッセージが込められており、ほかのジャンルの宗教画と比較して優劣を論ずることは不適切である。建造物や彫像、工芸品についても同じことがいえる。

エジプト絵画は単調か？

ナイルの岸辺に住んだ古代人たちは、異民族ヒクソスをはじめとして、その

カルナック神殿全景。

カルナック神殿内部。

後はアッシリア、ペルシア、古代ギリシアに支配されても、ほかの文明を積極的に受け入れることがなかった。これは彼らの伝統的な宗教の束縛によるものと思われる。美術の分野にも同じような傾向はあり、変化・成長は狭い範囲に限られている。第18王朝後期のアクエンアテンの宗教改革（「アマルナ革命の終焉まで」6頁参照）の17年間は美術も独特の新鮮な表現を取り入れ、保守的傾向に清涼な風を吹き込んだが、王の死とともに後世に影響を残すことなく終わった。

　そうしたエジプト美術のうち、絵画の欠点として動的表現の欠如を指摘されることがある。しかし注意深く見れば、地味で抑制されたものではあるが随所に動的な性格が見出される。たとえば、私人墓ラ・モーセの前室南側の葬列の壁画のほぼ中央に描かれた泣き女の描写。プロの「泣き女」たちが21人描かれているが、みんな左を向いているのに中央の子供だけは右を向いている（109頁参照）。そして、故人に哀悼の意を捧げるために両手をあげているポーズのそれぞれに微妙な変化をつけ、哀しみに満ちた集団の動きを見事に表現している。近代絵画とは形式が違うが、こうした動勢表現は他の

アクエンアテン（アメンヘテプ4世）像。

エジプト壁画にもよく見られる。また、遠近法が使われていないことについては、カーターにいわせれば、エジプト美術に遠近法を付け加えたら、もはやエジプト美術ではない、ということになる。

カーターが見つけたもの

カーターによれば、エジプト美術は神と死者のためのものであって、それらをおろそかにしていないことを示し、その記憶を永遠に伝えるためのものなのだ。

カーターいわく――芸術表現の多くはエジプトが受容し、かつ執着した観念を象徴しており、信仰を主題としている。たとえば、多くの神々の前に王が立ち、冥界の神々の前に死者が立ち、神々に祈りを捧げ、現世の生活の弁明をしている図柄があまりに多く反復されるので、見る人々をうんざりさせるように思える。だが、エジプトの神々を信奉する人々にとっては、これらの絵画は死生観を表わしているのだ。少なくとも、彼らの宗教観を表現していることを忘れてはなるまい。このことを完全に理解するには、われわれ自身のものの考え方を離れ、古代人の心の

ラ・モーセの墓に描かれていた「泣き女」。第18王朝。

内面をいかほどか知ることが必要であろう、と。

　私なりにいえば、「エジプトの美術品はお墓の実用品」ということになる。

　さらにカーターは、王と王妃の機微をうかがわせる品々への愛着ともとれる発言をしている。いわく——考古学上の発見は遠い昔の痕跡を掘り出した。消え去った当時の人々の生活が明るみに出されたとき、目の前に現われた事実のうち、私たちは最も共感を覚えるものに本能的にひかれてしまう。これは昔から変わらぬ人間の興味のあり方だろう。どこかの名も知らぬ「諸王の王」が敵を圧倒し、敵の自尊心を蹂躙したことを誇らしげに記したいかめしい記録、壮大な公式・碑文よりも、枯れたハスの花、やさしい愛情のしるし、身辺で愛用したありきたりの品々のほうがはるかに生き生きと過去の人間の側面を甦らせてくれる、と。

エジプト美術の特徴と魅力

　エジプト美術を技法的な面から見てまず気づくのは、壁画が一定の規範に従った描法で制作されていることであろう。横向きの顔に正面から見た眼、そして肩から胸は正面を向いているのに、下半身はまた横向きに描かれる（絵画的には視点変動描法、または正面性の法則という）。中には正面から顔が描かれている特例もあるが、ともかく私たちが「写実」と見なしている表現とは違っている。

　一方、彫像は写実的で、絵画とは違った原理で制作されているようで面白い。２０００年ほど前の古王国時代からすでに写実的表現が見られるが、とくに新王国時代の作品はこの傾向が強い。カーターもツタンカーメンの黄金のマスク（10頁）について、古い約束事をすべて守っているが、奇妙なネメス頭巾や顎の付け髭を取り去れば、若くして没した王の顔がそのまま見出せると述べている。彫像に関しては、石像にしろ木像にしろ、モデルの尊厳を第一義とし、実物に似せることに力を尽くしているように思われる。

　もう1つ、壁画についても工芸品についてもいえるのは、構図にシンメト

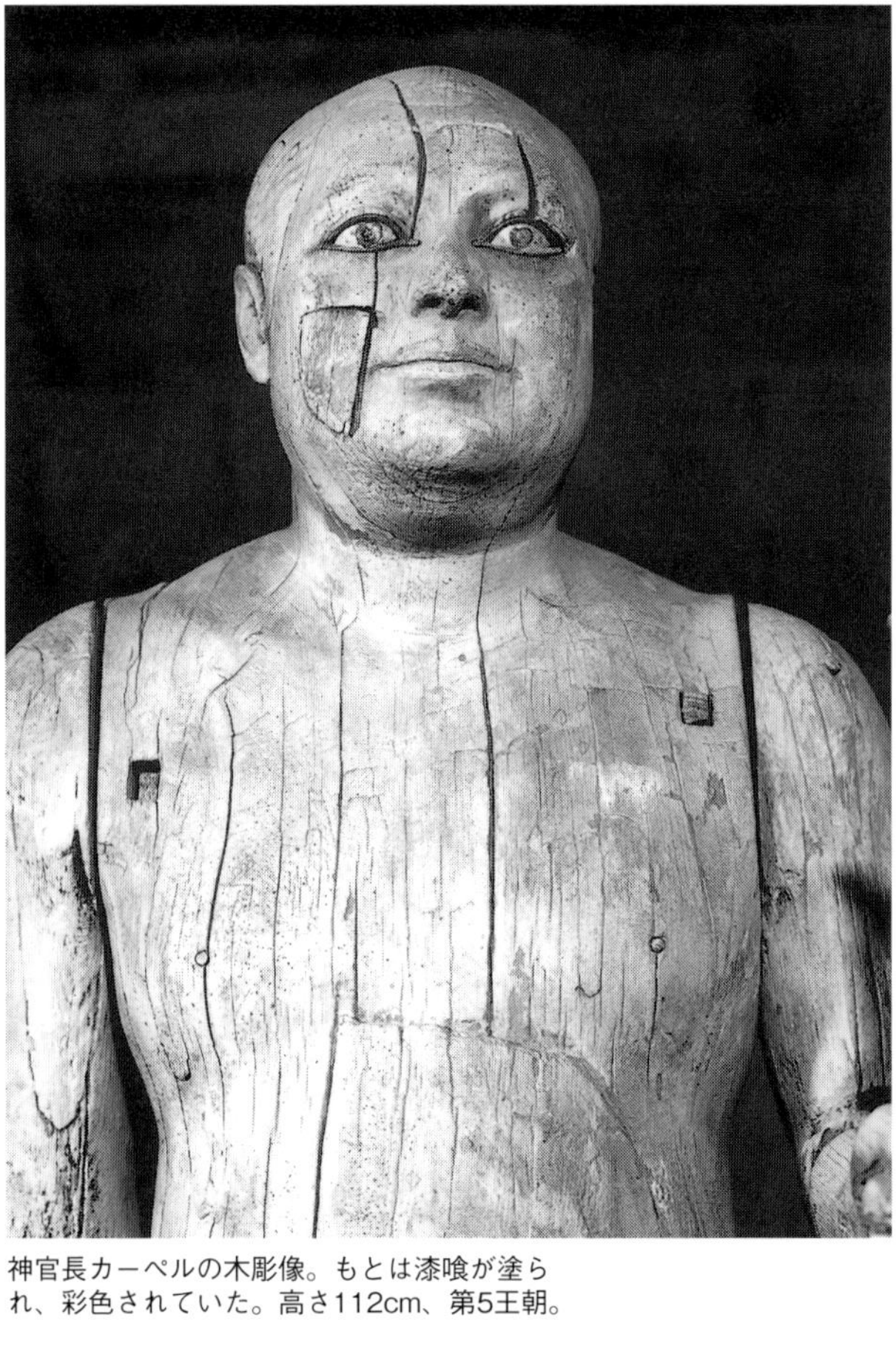

神官長カーペルの木彫像。もとは漆喰が塗られ、彩色されていた。高さ112cm、第5王朝。

まれに正面からの顔が描かれている。第19王朝。

リー（左右対称）が多く採り入れられていることだ。胸飾りその他の装身具（44頁）を見ると、左右にネクベト神やウアジェト神、あるいはイシス神やネフティス神などをあしらったものが多く、画面に安定感を与えている。

私たちが古代の絵画に心ひかれるのは、それらが当時の人々の姿を教えてくれるからである。絵画は見方によれば点と線からなる二次元の無機物的な造型でしかないが、見る人の精神作用により、有機的なメッセージを持つものとなる。エジプトの古代壁画は、それぞれ古代人たちの神々と来世、そして彼らの現世の生活を生きいきと伝えてくれる。また、ツタンカーメンの秘宝に代表される数々の遺品は、王の日常を豊かに物語ってくれている。カーターも初めて「第3の王棺」（12頁）を開いたとき、王棺の顔の部分に王妃アンク・エス・エン・アメンが置いたであろう花輪を見て、過去の人間の心に触れることができたと感激している。

エジプト美術に対するとき、現代に生きる私たちの既成観念をいったん捨てるならば、はるか数千年もの昔の人々に出会える喜びをより深く感ずることができるだろう。

「官能的」な表現もアマルナ芸術の特徴のひとつ。

ツタンカーメンとその時代

ツタンカーメン王墓の発見は、考古学的にも美術的にも貴重な遺宝と副葬品という輝かしい成果をもたらしたが、その反面、文字史料はいっさい発見されず、これにはカーターもたいへん落胆したようである。というのも、ツタンカーメンに関する文字史料はほかの王に比べて非常に少ない。断片的なものが、40点ほどあるだけである。ネクロポリスのクルナト・ムライにあるツタンカーメンと同時代に生きたヌビア副官フイの墓や、デイル・エル＝バハリ葬祭殿の役人ウセルハトの墓内の壁画や碑文がよく知られているが、最も重要なのは「復興の碑文」と呼ばれるものである。

「復興の碑文」と時代背景

「復興の碑文」は1905年7月、フランスの考古学者ルグランにより、カルナック神殿のアメンヘテプ3世（ツタンカーメンの父）が建てた第3塔門の前で発見された。石碑に刻まれたもので、現在、カイロ博物館の所蔵となり一般公開されている。高さ2・54メートル、幅1・29メートル、上部が丸みを帯びた花崗岩の石碑で、円頂部に両翼を広げた太陽円盤、その下にアメン神とムト神とツタンカーメンが刻まれ、さらに両側にツタンカーメンと王妃アンク・エス・エン・アメンが立っている。しかし後代になってツタンカーメンの名は削り取られ、ホルエムヘブ王（ツタンカーメンの次の次の王）の名が刻み込まれている。22年に王墓が発見されるまでは、ツタンカーメンの業績を知る手がかりとして知られていた。

ルクソール神殿内部。

　前王アクエンアテン（アメンヘテプ4世）の、アテン神を唯一神とする宗教改革「アマルナ革命」の後の混乱の時代（6頁参照）、ツタンカーメンは9歳で即位した。実際の政務は、摂政である神官アイや将軍ホルエムヘブがつとめた。治世4年、両者の助言により、前王のアテン信仰を捨て、以前のアメン信仰を復興させる。このとき、王名も「ツタンカーテン（アテンに生きる者）」から「ツタンカーメン（アメンに生きる者）」に改め、王妃もアンク・エス・エン・アテンからアンク・エス・エン・アメンに改名した。そして都をテル・エル・アマルナから下エジプトのメンフィスに一時移し、一神教を多神教に戻して「正統な」アメン信仰への復帰を宣言し、アメン神への忠誠の証としてルクソール神殿のアメンヘテプ3世の列柱室側面東西壁面にオペトの祭礼（73頁）のレリーフを完成させている。

　これらの事績は、少年王ツタンカーメンの意志によるものではなく、次王となるアイやホルエムヘブら実権を握っていた者たちが推進したと考えられている。前後の動きをもう少し見ておこう。

　アクエンアテン王のアマルナ革命は民心をつかむことができず、断念してスメンクカーラーを共同統治者として立てた王は、アメン神官団との融和をはかったが、スメンクカーラーの死で頓挫し、失意のうちに亡くなった。その跡を継いだツタンカーメンも在位9年で早逝する。その後、アイによる4年の治世を経て、ホルエムヘブが王位につき、アクエンアテン時代に失われたアジア植民地の秩序回復、アマルナ革命により混乱した国内の政治・経済の再建を進めた。そしてホルエムヘブの死をもって第18王朝は終わり、ラメセス1世を初代とする第19王朝時代を迎える――。

　このような時代背景の中で「復興の碑文」は残されたのである。原文はかなり長く、そのうえ難解な箇所も多いが、重要な部分の大意を抜粋して紹介したい（出典：1965年「ツタンカーメン展」図録所収）。

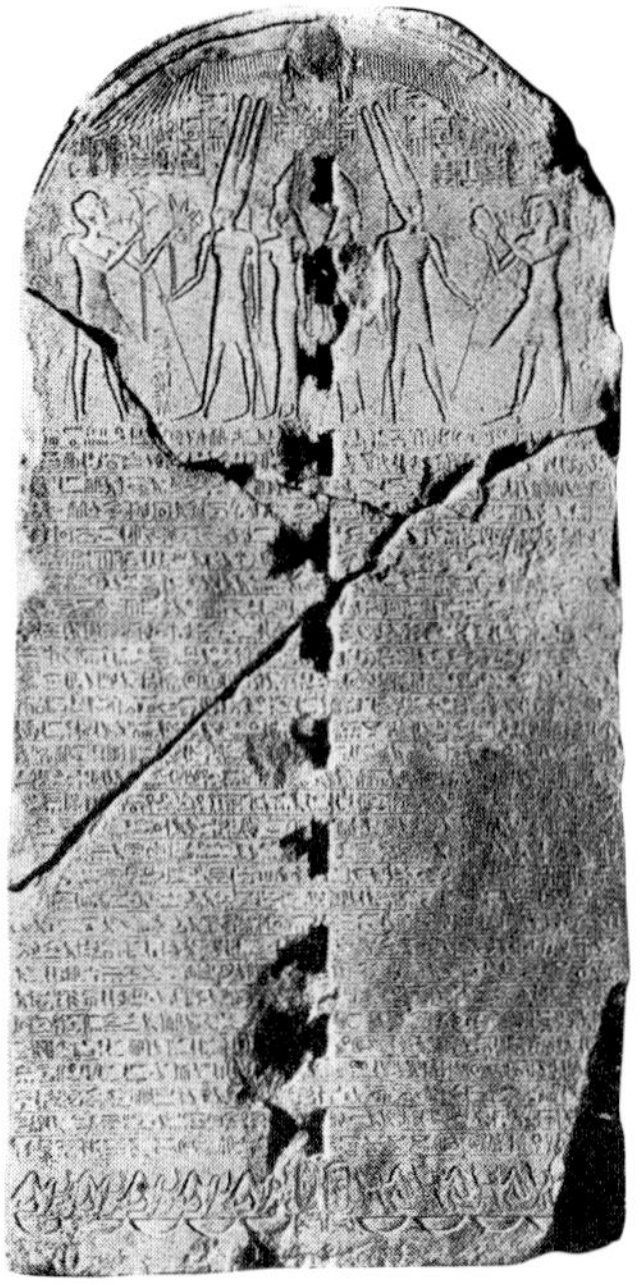
「復興の碑文」。

●王の善行を讃めたたえて

　彼の父（神アメン）とその他よろずの神々のために高価なことを行う善良な支配者。かれは、永遠の終末（までつづく）記念物として、ついえたものを強固にした。かれは両つの邦（エジプト）中の虚構を倒した。だから真理は確立したのである。真理は、国のそもそものはじまりであったような虚偽（宗教改革の教え）が、国の嫌悪となるようなことにした。

●王は神殿がおろそかにされている乱れた国を見出した

　陛下が王として現われ給うたとき、神々と女神たちの神殿は、エレファンティネからデルタの沼沢までおろそかにされた。それらの社《やしろ》は荒廃して、雑草の生い茂った廃墟《はいきょ》となり、それらの聖所は、あたかもかつては無かったようになってしまい、それらの広間は、踏みあらされた道となり果てた。国土は混乱状態におちいり、神々は、かれらこの国土にその背を背《そ》むけた。エジプトの国境を拡げようとしてジャヒ（シリア地方）に軍隊が送られても、かれらの努力は、無為に終った。

●神々は人の祈りをもはや聞きいれない

　何かを懇願して神に祈っても、神は全く来ることはなかった。同じくいかなる女神に祈願をこめても、女神は、決して来ることはなかった。かれら（アテン神崇拝の異端者たち）の心はかれらの身体のうちで絶望し、かれら（以前に）

「復興の碑文」のあったアメンヘテプ３世塔門。

造られたものを破壊したからである。

●王は玉座につく

しかし日《ひにち》の経った今、陛下は父王の玉座に現われ給い、神ホルスの諸地方（エジプト）を統治し給う。黒土国（エジプト）と赤土国（外国の砂漠地方）はその権下に入り、どの国も陛下の権力に身を屈した。

●王はメンフィスに滞在する

今や陛下は、アア・ケペル・カ・ラーの所領（トトメス一世のメンフィス市にある所領）にある王宮に、天上の神ラーのように居まして、陛下はこの国の諸々の事件と両岸（エジプト）の日々の必要なものを統《す》べ給うた。

●王はアメンの黄金の像をつくらせる

陛下は、あらゆる適切な可能性を求め、陛下の父であるアメンのために結構な行いを寄せ、純金でアメンの尊厳なる像を造って、御心に計るところあり給う。太古よりこの方おこったことを凌《しの》いだ事を起し給うた。

●王はアメンのために金張りで宝石をちりばめた木像をつくらせる

陛下は、父なる神アメンを13の支え棒の上に造り給い、その見事な聖像は、黄金、瑠璃《るり》、トルコ玉、それに高価な宝石でできていた。しかし以前には、この種の畏れ多い神の尊厳さは11の支え棒の上に造られたことはあったが。

●以下メンフィス市の神プタハのために見事な聖像を同じようにつくらせ、他の神々の神殿や神像をつくらせる

さらに陛下は、外国でも最高級の純金でもろもろの神の像をつくり、永遠の終り（永代）の記念として、神々の聖所を新たに建てて、神々のための記念物をつくり給うた。日毎に長持ちのするものとして神饌《しんせん》を貯えておき、地上では（王は）神々のお供えのパンを摂り給うて、永代の所有物（神殿の基本財産）を素晴らしくし給う。陛下は、太古以来起ったことを凌いで、いや増しに増させ給い、祖先の時よりこの方なされたことを越え給うた。

●王は神官をよい身分の者からえらんだ

陛下は、諸市の名士の子たちや、その名を知られている有名人の子たちから、神官や神父たちに就任させ給うた。

●王は神殿に贈物をする

陛下は、それら神殿の財産を、黄金、銀、銅で、万事につけ糸目をつけずに増やし給うた。陛下の征服者の分捕品《ぶんどりひん》のうちから奴婢《ぬひ》をもって倉庫（工場）を充たし給うた。どの神殿の財産も銀、金、瑠璃、トルコ玉そのほかの宝石、アメンヘテプ３世の肖像。

それに王の亜麻、白亜麻、細亜麻、オリーブ油、ゴム、脂、……香料、安息香、没薬《もつやく》そのほかよきものを限りなく、2倍、3倍、4倍にした。

●王は神の行列のための船をつくる

陛下――生命、幸福、健康（王に対する敬意のことば）は、河にうかべる（神々のための）船を、ネガウ（ビブロスの南方）の精撰物として（レバノン山の）山腹の最上級のまま新しい杉材でつくり、外国での最上等の黄金で金具をつけ、かくて船は河を輝やかした。

●王は王宮の従者のうちから神殿奉仕者の数をふやした

陛下――生命、幸福、健康――は、王宮の従者に属する男女の従者、歌手や踊子たちを浄《きよ》め給うた（神殿に奉仕さすことにした）。かれらの労働（給料）は、両つの邦（エジプト）の主の国庫で計算された。

●王は

かれら（奴婢）の力（精霊）の欲することを為すことによりてかれらが悦ぶことを望んで、わが父たちよろずの神々のために、かれら（奴婢）が擁護と保護されるようにと、自分はさせたのである。それゆえに、かれらはタ・メリ（エジプト）を擁護するだろう。

●神々は新王を祝福する

この国にいる神々と女神たちの心は喜ぶ。社《やしろ》の主（所有者）は欣喜、各地は雀躍し、歓声をあげ、奉祝は全土に充ちている。佳《よ》き時代（計画）は来た（実現された）。「大きな家」（ヘリオポリスの太陽神殿）にいます9柱の神々は、讃美してかれらの双手を挙げる。かれらの掌《たなごころ》は、永遠に限りなく、歓喜で充たされる。

●神々は王に報いる

すべての生命と幸福は、かれら（9柱の神々）のところにあり、ホルス（国王）の鼻に（達する）。

ホルス（国王）：そは誕生をくりかえし（もう一度生れる）、アメン・ラーの愛《いと》し子。かれ（アメン）は、アメンの像をつくらんがために王を生んだ。

上下エジプトの王：アメンに愛されたる（ジェセル・ケペルゥ・ラー）かれ（アメン）に愛されたる誠実な長老者である、かれ（アメン）の子。かれを生める父のために入り来る。それ故にかれは、王として（諸国の）王を統《す》べるのである。

ラーの子（メリ・アメン・ハルエムヘブ＝

カルナック神殿の南にある、ツタンカーメンが神に献じた「スフィンクス街道」。

ツタンカーメン、ウヌ・シェマ〈ヘルモポリス〉の主)。

●王、神々のために新しい記念物をつくる

(かれは)かれを生んだ者(神)にとって貴重なる子。記念物を、驚異に充ちてつくる者。記念物を、かれの父なるアメンのために、かれの心の信頼性によりて再建する者。誕生においてトゥト(twt、王の名の一部で永続する意)。ケビトにおいて王冠をえた君主。

●若き王、メンフィスで戴冠さる

この日、聖なる(ア・ケペル・カ・ラー〈メンフィス市におけるトトメス一世〉)の家(王宮? 神殿?)にある美しい王宮に、王はいました。みよ、陛下——生命、幸福、健康——はまだお若いのに、お身体の上を(王の頭に戴いているウレウス蛇としての)爬《は》うもの(蛇=コブラ)を捕え給うた。

●王は神々と同じようになる

神クヌムは、最も力強きものを凌ぎ、腕力強く能力のすぐれたる権力者として彼(王)をつくった。神ヌトの子(セト)のように力強く、神ホルスのように腕力強く、全国の強者のうちで、第二者(かれに等しきもの)はない。ラーのように知識を集めた者、プタハのようにものをつくる者、トトのように物知りで、法律を定め、命令の優れ、口から出るものに秀でている者。

●王は永遠に幸福な生を享《う》ける

上エジプトと下エジプトの王、両《ふた》つの邦の主、犠牲を捧げる主、刀の主なる(ジェセル〈実はネブ〉・ケペルウ・ラー)神々を喜ばせる者。

かれに愛されたかれの身体のラーの子。すべての外国の主、王冠の主(ヌリ・アメン・ハルエムヘブ=トゥト・アンク・アメン、ウヌ・シェマの支配者)、〈永遠と無限まで〉ラーのように生命と長寿と幸福を贈られる者。

——以上、現在の私たちには意味のわからない部分も多いが、完全ではないにしても、ツタンカーメンの業績のかなりの部分を埋めてくれる貴重な史料である。

アマルナ革命とツタンカーメン

先述したように王は9歳で即位後、4年目にしてアメン信仰復帰に踏み切り、都をメンフィスに移し(のちテー

エジプトのテル・エル・アマルナ。

べに遷都）、在位9年、18歳の若さで没している。ハワード・カーターは、王は猟やスポーツを好む快活な少年だったと推定しているが、海外遠征に参加した記録などはまったくない。たとえいくら活発で聡明であったとしても、アマルナ革命後の混乱を少年の手腕で乗り切れたとは思えない。諸研究者もいうように、実際には背後にいた誰かが王や政治を動かしていたのだろうが、それは神官アイであったのか、それとも将軍ホルエムヘブであったのか、はたまた……。今となっては歴史の闇に沈んで、もはや知ることができない。

　アマルナ革命以前の古代エジプトをふり返ってみると、強力な中央集権が早い時代に実現・維持されており、専制君主が支配権を握っていた。ところが、国家神アメンの威光を背景に神官団が勢力を増し、第18王朝8代目の王トトメス4世以後は、政治形態が二重構造となっていた。アクエンアテンの宗教改革、すなわちアマルナ革命は、いわばアメン神官団に対して王の威信を回復しようとするものであった。余談になるが、アクエンアテンはみずから遷都したアマルナの東方、アイの地の岩窟墳墓の壁面に、アメン神に代わるアテン神への信仰告白の詩篇（「アテン賛歌」と呼ばれる）を残している。彼の知性の豊かさを示す、文学作品といってもよいものである（その一部が『旧約聖書』詩篇第104篇と類似していることでも知られているが、これは偶然の一致というものだろう）。

　このアクエンアテンによるアメン信仰否定、神官団への挑戦は文字どおり「革命」であって、国家としてのエジプト始まって以来、初めての国内紛争をもたらした。この大乱を、たとえ自分1人の力ではなかったとしても、アメン信仰を復興させることでともかく鎮静させたのは、夭折の少年王ツタンカーメンの歴史的業績として評価してよいと思われる。そしてその少年が、3300年後に生きる私たちに目の覚めるような美しい、貴重な遺産を残してくれたことに感謝したい。

ウナス王のピラミッド内部に刻まれたピラミッド・テキスト。

ナルメル・パレット。

墓の呪い?

ツタンカーメン伝説で最も有名なものに、「ツタンカーメンの呪い」がある。おそらく誰もが一度は耳にしたものであるだろう。墓をあばいたために、その関係者がことごとく死んでしまったというものだ。いわく――、

カーナヴォン伯は王墓発見の7ヶ月後、すなわち1923年4月5日に蚊に刺された傷がもとで、滞在していたカイロの一室で死んでしまった。享年57。ツタンカーメンのミイラに対面することもなかった。伯の臨終の時間にカイロ中が停電になったという。

「もう終わりだ。私には叫び声が聞こえた。覚悟している」と叫んで伯が息絶えた頃、イギリスの伯の住居であるハイクレア城で愛犬が突然死んだ。

その後間もなく伯の臨終を看取った看護婦が死に、伯の弟であるオーブリ・ハーバート大佐も死んだ。

カーターの秘書ピーセル、カーターの親友ルー・フール教授、発掘協力者アーサー・メイス、エブリン・ホワイト、ヘビ使いのムーサ、ダグラス・デリー博士、ケーリス・デイヴィス、アラン・ガーデナー教授、ジェイ・グルド調査官、ジョー・ウルフ、アストール、ブリュイエール、カーターの助手のカレンダー、リュカ……多数の関係者が墓の発見後に命を落としているというものだ。

これはジャーナリズムの格好のネタとなった。ミステリー風にもっともらしく書かれ、一般に広がったのである。シャーロック・ホームズの生みの親である小説家コナン・ドイルも、呪いに関する文章を発表して、この噂話に拍車をかけている。

結論をいえば、関係者の死とツタンカーメンの墓とはなんの関係もない。これだけ噂が広がったのは、前代未聞の発見になんらかの尾ひれをつけて伝説化しようとする誰かの、いや、私たちの心の内にある野次馬的な心持ちゆえだろう。

ちなみに墓の発見者であるハワード・カーターは、墓の呪いにかけられることなく、1939年まで生きた。だが、その業績に比してその葬儀はとても質素なものであった。参列者も数人といわれている。カーナヴォン伯の娘イーブリンが参列していることが唯一の救いであったようである。

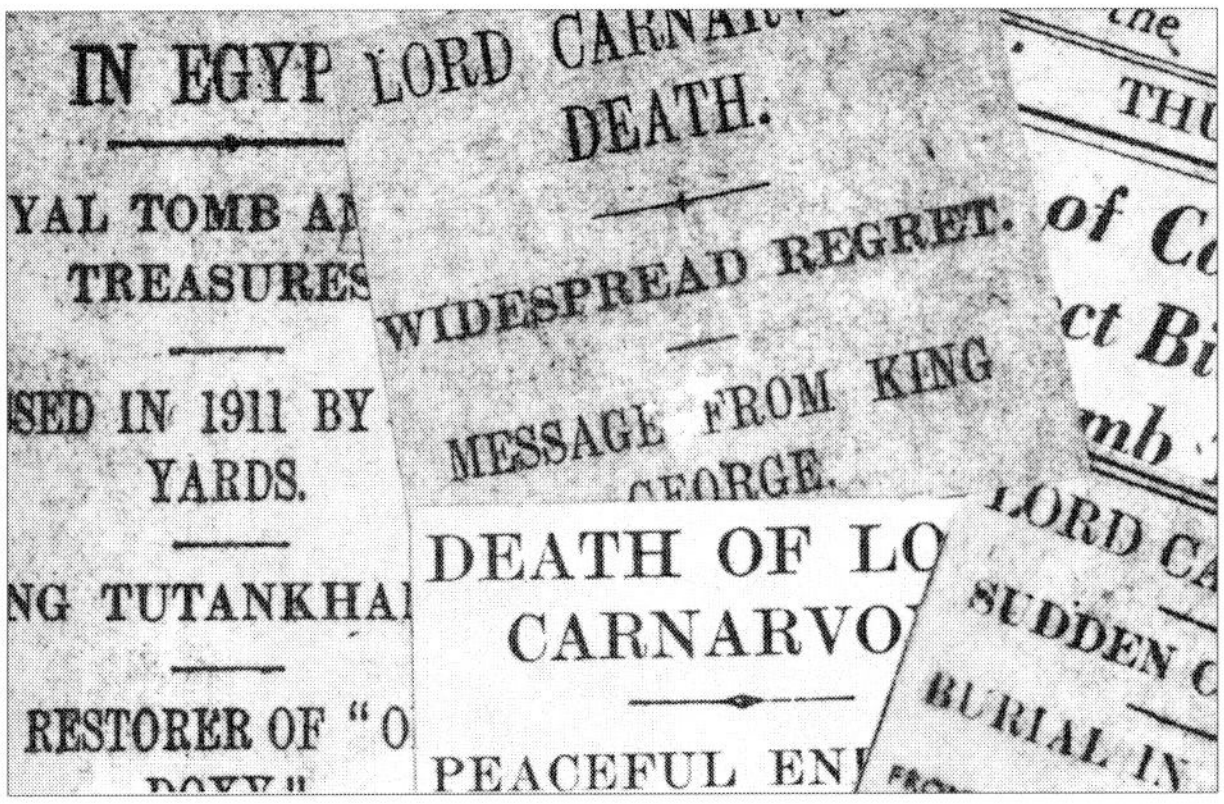

古代エジプトに魅せられて

あとがきにかえて

村治笙子

ギザの三大ピラミッド近くでは、2021年の開館をめざして、世界でも類を見ない超大型博物館「大エジプト博物館（GEM）」の建設が、国際協力機構（JICA）の有償資金協力（円借款）により進められています。これと並行して2008年から2016年までGEM保存修復センターにおいて、日本人専門家により保存修復分野の人材育成が行われました。さらに2016年からは、「大エジプト博物館合同保存修復プロジェクト（GEM-JC）」として、ツタンカーメン王の遺物を含め72点の世界的な文化遺産の実物を、エジプトと日本の専門家が合同で修復しています。この業績が認められ、2020年には第27回「読売国際協力賞」を授与されました。

また、大エジプト博物館のツタンカーメン展示室では、初の日本語解説文がエジプト考古学者河合望氏により準備されていて、英語・アラビア語と並ぶことになります。大エジプト博物館の完全オープンは、ツタンカーメン王墓発掘の1922年から100年目にあたる記念の年になります。

今までツタンカーメンに関する書籍は、国内外で数多く出版されました。また、カイロのタハリール広場前にあるエジプト考古学博物館のツタンカーメン室に足を運ぶと、いつも多くの観光客がツタンカーメン室に直行して黄金のマスクをはじめ、棺や宝飾品を鑑賞していました。しかし、2020年のコロナ禍以降は、現地に赴くのもむずかしくなりました。そんな時、日本でもツタンカーメンの秘宝を見ることができる良い機会が訪れました。

2011年、豪華客船「にっぽん丸」の講師を頼まれて世界一周航路に乗船したときのことでした。ちょうどその年は日本で開催される「ライデン博物館エジプト展」に関わることになっていたので、南アフリカのケープタウンで下船してからオランダのライデンに飛びました。そこで隣国ベルギーで「ツタンカーメン展」が開催されていることを知りました。すぐに会場を探して行ってみると、なんとそれは世界中を巡回しているというレプリカの「ツタンカーメン」でした。

熱心に見学する子供たちや解説する先生たちを見て、これまで日本のエジプト展で子供向けワークショップを続けてきた私は、日本の子供たちにもレプリカでもいいから、この黄金に輝くツタンカーメンの秘宝を近くで見せてあげられたらと思いました。また、現地を訪れることができないエジプト大好きな日本人にも黄金の棺や厨子、黄金のマスクやヒエログリフの文字を見てもらえたらと思いました。

　ところが、夢に描いていたそんな思いがかなったのです。ある日、「GEM-JC」を統括され、JICAから日本国際協力センター（JICE）に移られた中村三樹男氏から、「ベルギーで見た展覧会についてお話しいただけますか。日本で購入しようと考えている方がいらっしゃいます」とのこと。私は作品のすばらしさや子供たちの教育に役立つことなどを一生懸命説明しました。そしてこのすばらしい作品が、エジプト・ミニア大学純粋芸術学部彫刻学科のムスタファ・マフムード・エル・エザビィ教授の下で制作されたことを知りました。彼の一つ目の作品はドイツが購入し、ヨーロッパ各地で巡回展をしています。次の作品は日本に買ってもらいたいとの意向をくんで、3年の年月をかけて、購入するための慎重な話し合いが行われました。

　そして、ついに購入が決定され、長い船旅を経て、教授のツタンカーメンの素晴らしいレプリカの作品が日本に上陸したのです。教授のつくった作品129点は、ツタンカーメン王が埋葬された当時の黄金の輝きを再現したものです。とくにツタンカーメンのミイラが被っていた黄金のマスク、そしてそのミイラが納められた3つの人形棺と入れ子式になった黄金の厨子のヒエログリフ文と図像の出来映えはすばらしいものです。

　2022年5月に國學院大学の神殿で盛大に《清祓い儀式》をした後、高山の「光ミュージアム」でネフェルティティ像などを加えた全作品が同年6月から12月まで初公開されました。コロナ禍にもかかわらず5万6千人の来場者があり、制作者ムスタファ教授も来日されて展示のすばらしさに満足されました。またこの時に、本書『図説ツタンカーメン王』（改訂新装版）の中の73～80ページに教授の作品が紹介されたことも喜ばれていました。

　さて、本書の初版本は、2005年に、写真家仁田三夫先生とともに編集したものです。私のエジプト学の恩師である屋形禎亮先生から仁田先生をご紹介され、「以後、私の代わりは村治笙子さんが引きうけますから、よろしく」と仁田先生に話されました。エジプトに80回以上も通われた仁田先生は、多くのエジプト壁画の写真を撮られていましたが、原稿を書くにあたって現地に再取材に行く必要があったりして、ツタンカーメンの全貌をまとめるのは簡単ではありませんでした。しかし、仁田先生のフィールドだったルクソールを超えて、エジプト全土をめぐることもできて、今では仁田先生にはとても感謝しています。

　足で歩き、写真で記録することに命懸けだった先生と、長いあいだ仕事をさせていただき、「ともにエジプトを愛する友、村治笙子さんへ」とメッセージをくださった仁田先生は、ツタンカーメンをこよなく愛されていました。

　仁田三夫先生も古代エジプトのオシリス神の住む来世で、この改訂新装版を喜んでくださっていると思います。編集にあたって仁田先生との昔話を再びできたのもとても嬉しいことでした。新しい姿で日本にきた「ツタンカーメン」を、日本の皆さん、世界の皆さん、温かく迎えてください。

出土品の種類	入口	羨道	前室	玄室	宝物室	副室
ミイラ				●	●	
黄金のマスク				●		
王棺				●		
棺（その他）					●	
棺の台座				●		
石棺				●		
椅子類			●			●
厨子			●	●	●	●
カノプス容器など					●	
儀式用ベッド			●			
ベッド			●			●
王像			●	●	●	
神像			●	●	●	
杖				●	●	●
宝飾品、護符	●	●	●	●	●	●
衣類			●	●	●	●
扇				●	●	●
食料			●			●
ゲーム		●	●			●
化粧具		●	●		●	●
ラベル		●	●	●		●
ランプと松明			●	●	●	
楽器			●	●		●
棺覆いとその支柱			●	●		
弓矢一式		●	●	●	●	●
籠			●			●
携帯用天蓋			●			
宝器			●	●	●	●
儀礼具			●	●	●	●
シール	●	●	●	●	●	●
シャプティとその道具		●	●		●	●
暦						●
胴鎧						●
チャリオット			●			●
刀と短剣				●		●
道具			●		●	●
穀物倉庫の模型						
舟の模型					●	●
投げ棒			●			●
クッション			●			●
ワイン容器	●	●		●		●
筆記用具			●		●	●
食物の遺存体		●	●	●	●	●
箱と柩	●		●		●	●
容器	●	●	●	●	●	●

ツタンカーメン王墓から発見された品々一覧

参考資料
『ツタンカーメン発掘記』（ちくま文庫）
『王家の谷百科』（原書房）

古代エジプト王朝表

年代	時代区分	王朝区分	首都	主なファラオ
紀元前3000	初期王朝時代	1	メンフィス	ナルメル、アハ、ジェル、ジェト、デン
	初期王朝時代	2	メンフィス	ペルイブセン、カーセケム、カーセケムイ
2650	古王国時代	3	メンフィス	ジェセル、セケムケト、フニ
2610	古王国時代	4	メンフィス	スネフル、クフ、カフラー、メンカウラー、シェプセスカフ
2490	古王国時代	5	メンフィス	ウセルカフ、サフラー、ネフェルイルカーラー、ニウセルラー、ウナス
2310	古王国時代	6	メンフィス	テティ、ペピ1世、メルエンラー、ペピ2世
2180	第1中間期	9・8・7	メンフィス	短い治世の王が数多く続く
	第1中間期	10 下エジプト	ヘラクレオポリス	
2040				

主な歴史上の事柄

紀元前3000年頃　上エジプト出身のナルメルがエジプト全土を統一

この頃、ヒエログリフの文字体系が確立する

この頃、1年365日の暦ができる

「上下エジプト王」の称号がもちいられる

この頃、ヘリオポリスの太陽信仰がさかんになる

この頃、ホルス神派とセト神派の覇権争いがおこる

この頃、ホルス神派とセト神派が、ホルス神派が王位を継承することで和解する

2620年頃　サッカラに階段ピラミッドを造営する

階段ピラミッドを計画するが未完成に終わる

メイドゥムに真正ピラミッドを計画、着工する

2600年頃　神王として絶対的な王権が確立する

2550年頃　ギザに大ピラミッドを造営する

ギザに第2ピラミッド、スフィンクスを造営

ギザに第3ピラミッドを造営。王権が弱体化

王墓はサッカラにマスタバを造営する

2490年頃　王の称号に「太陽神ラーの息子」がもちいられる

アブシールにピラミッドを造営する

2400年頃　**はじめて「ピラミッド・テキスト」が刻まれる**

2300年頃　シナイ半島などで積極的に鉱山を開発する

2270年頃　長期政権で、晩年には中央集権国家にかげりがみえるようになる

2100年頃　ヘラクレオポリス侯（第10王朝）とテーベ侯（第11王朝）が共存する

「コフィン・テキスト」が出現する

ピラミッドが造営される

エジプト王朝の盛衰

1205	1310	1565	1650	1785	1990	2040

新王国時代				第2中間期		中王国時代	
19	18			17 上エジプト / 16・15 下エジプト	14・13	12	11
ペル・ラメセス	メンフィス	アマルナ	テーベ	17:テーベ 15:アヴァリス		イティ・タァウイ	テーベ

王	年代	出来事
メンチュヘテプ2世	2040年頃	第10王朝を滅ぼし、全国を統一する
メンチュヘテプ3世	2000年頃	紅海南西部沿岸あたりのプントへ遠征隊を派遣する
アメンエムハト1世	1990年頃	クーデターによって第12王朝をおこす
センウセルト1世	1950年頃	ナイル河第3急湍まで遠征する
アメンエムハト2世		
センウセルト2世		
センウセルト3世	1850年頃	ヌビア、パレスティナに軍事遠征をおこなう
アメンエムハト3世	1800年頃	ファイユーム干拓事業が終わる
アメンエムハト4世	1790年頃	後継者が絶え、中王国時代が終わる
短い治世の王が約70人続く		
	1720年頃	アジアからヒクソスが侵入する
15キアン	1700年頃	ヒクソスが下エジプトを支配し、王朝を起こす
15アペピ	1650年頃	テーベの豪族が第17王朝をおこし、ヒクソスに対抗
17セケンエンラー2世	1580年頃	セケンエンラー2世、カーメスがヒクソスと戦う
17カーメス		**『死者の書』が出現する**
イアフメス(アハメス)	1565年頃	ヒクソスをエジプトから追放。第18王朝がはじまる
アメンヘテプ1世		国内の安定をはかる
トトメス1世	1520年頃	ユーフラテス河上流にまで軍事遠征をおこなう
トトメス2世		
ハトシェプスト	1500年頃	トトメス3世が即位するが、摂政のハトシェプストが王権を主張し、共同統治となる
トトメス3世	1470年頃	アジアやヌビアにさかんに軍事遠征をおこなう。エジプトの領土が最大になる
アメンヘテプ2世		カルナックのアメン神官団と確執がおこる
トトメス4世		
アメンヘテプ3世	1400年頃	繁栄の絶頂期をむかえる
アメンヘテプ4世(アクエンアテン)	1360年頃	アテン神を唯一神とする宗教改革を断行する
ツタンカーメン	1350年頃	アメン神信仰に復帰する
アイ		
ホルエムヘブ	1335年頃	アテン神信仰後の内外の混乱を鎮める
ラメセス1世	1310年頃	将軍ラメセス1世が即位。第19王朝となる
セティ1世	1290年頃	シリアをはじめ、軍事遠征をさかんにおこなう
ラメセス2世	1275年頃	シリアのカデシュでヒッタイトと戦う この頃、モーセによる「出エジプト」?
メルエンプタハ	1215年頃	リビア方面から「海の民」がデルタ地帯に侵入を図るが撃退する

王家の谷に墓がつくられる

ピラミッドが造営される

紀元前

30	305	380	404	525	664	700	945	1070	1205

プトレマイオス朝時代	末期王朝時代					第3中間期		新王国時代
	30	29・28	27	26	25	24・23・22	21	20
アレクサンドリア	サイスを中心にデルタ地帯			サイス	テーベ		タニス	ペル・ラメセス

ラメセス3世
ラメセス4世
ラメセス6世
ラメセス9世
ラメセス11世
スメンデス
プスセンネス1世
シェションク1世
オソルコン2世
ピアンキ
シャバカ
タハルカ
プサメティコス1世
ネコ2世
プサメティコス2世
アマシス
カンビュセス2世
ダリウス1世
ネクタネボ1世
ネクタネボ2世
アレクサンドロス
プトレマイオス1世
プトレマイオス2世
プトレマイオス5世
クレオパトラ7世

1170年頃 「海の民」がデルタ地帯に侵入するが、撃退する
この頃、王権が弱体化する
この頃、王家の谷などで墓泥棒が横行しはじめる
この頃、カルナックのアメン大祭司がテーベの実権を握る
王の存在は有名無実化する

1070年頃 タニスに第21王朝をひらく。上エジプトはアメン大祭司が治める

945年頃 リビア系の王。ブバスティスに首都をおく。パレスティナ地方に軍事遠征をおこなう
テーベやタニスで王統がおこり、並立する

750年頃 ヌビア人ピアンキが第25王朝をおこす
700年頃 エジプト全土を統一する
667年頃 アッシリアがエジプトを征服する

664年 アッシリアを追放し、第26王朝をおこす
紅海とナイル河を結ぶ運河が着工されるが防衛の意味で中止される

525年 アケメネス朝ペルシアがエジプトを支配する
521年 紅海とナイル河を結ぶ運河を完成する
ペルシアと地中海世界の中継地として栄える
430年頃 ヘロドトスが『歴史』を著す
404年 ペルシア支配から独立し、第28王朝がはじまる
350年頃 ペルシアのエジプト侵入に備え、対抗する

343年 ふたたびアケメネス朝ペルシアの支配下にはいる
332年 アレクサンドロス大王がエジプトを征服する

305年 大王の死後、プトレマイオス将軍が即位
アレクサンドリア図書館が開かれる
280年頃 マネトが『エジプト史』を著す
196年頃 ロゼッタ・ストーンが刻まれる

30年 エジプト復興に失敗し、ローマの属州となる

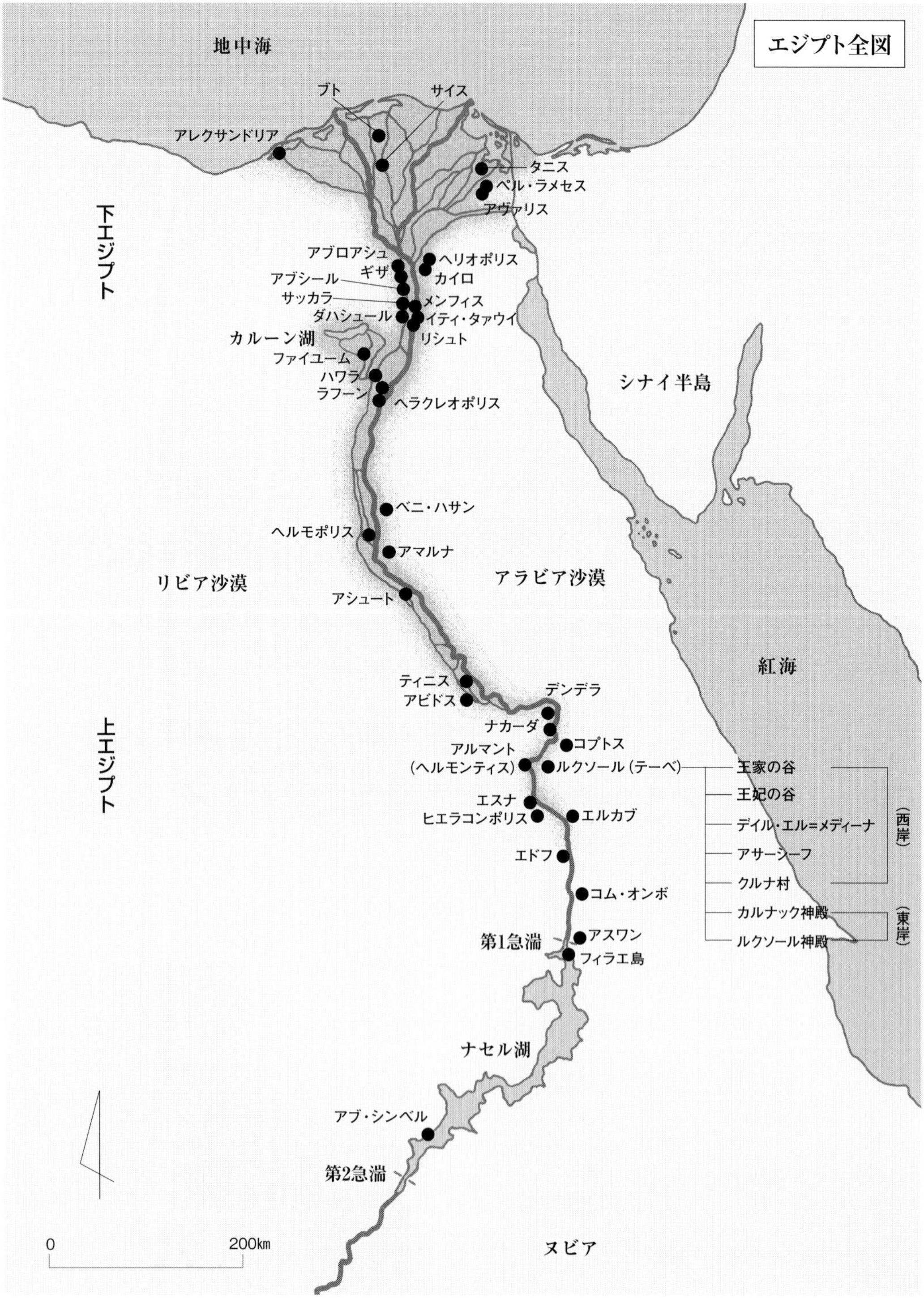

エジプト全図
地中海
ブト
サイス
アレクサンドリア
タニス
ペル・ラメセス
アヴァリス
下エジプト
アブロアシュ
ギザ
アブシール
サッカラ
ダハシュール
ヘリオポリス
カイロ
メンフィス
イティ・タァウイ
リシュト
カルーン湖
ファイユーム
ハワラ
ラフーン
ヘラクレオポリス
シナイ半島
ベニ・ハサン
ヘルモポリス
アマルナ
リビア沙漠
アラビア沙漠
アシュート
紅海
ティニス
アビドス
デンデラ
ナカーダ
コプトス
上エジプト
アルマント
（ヘルモンティス）
ルクソール（テーベ）
王家の谷
王妃の谷
デイル・エル＝メディーナ
アサーシーフ
クルナ村
（西岸）
カルナック神殿
ルクソール神殿
（東岸）
エスナ
ヒエラコンポリス
エルカブ
エドフ
コム・オンボ
第1急湍
アスワン
フィラエ島
ナセル湖
アブ・シンベル
第2急湍
ヌビア
0
200㎞

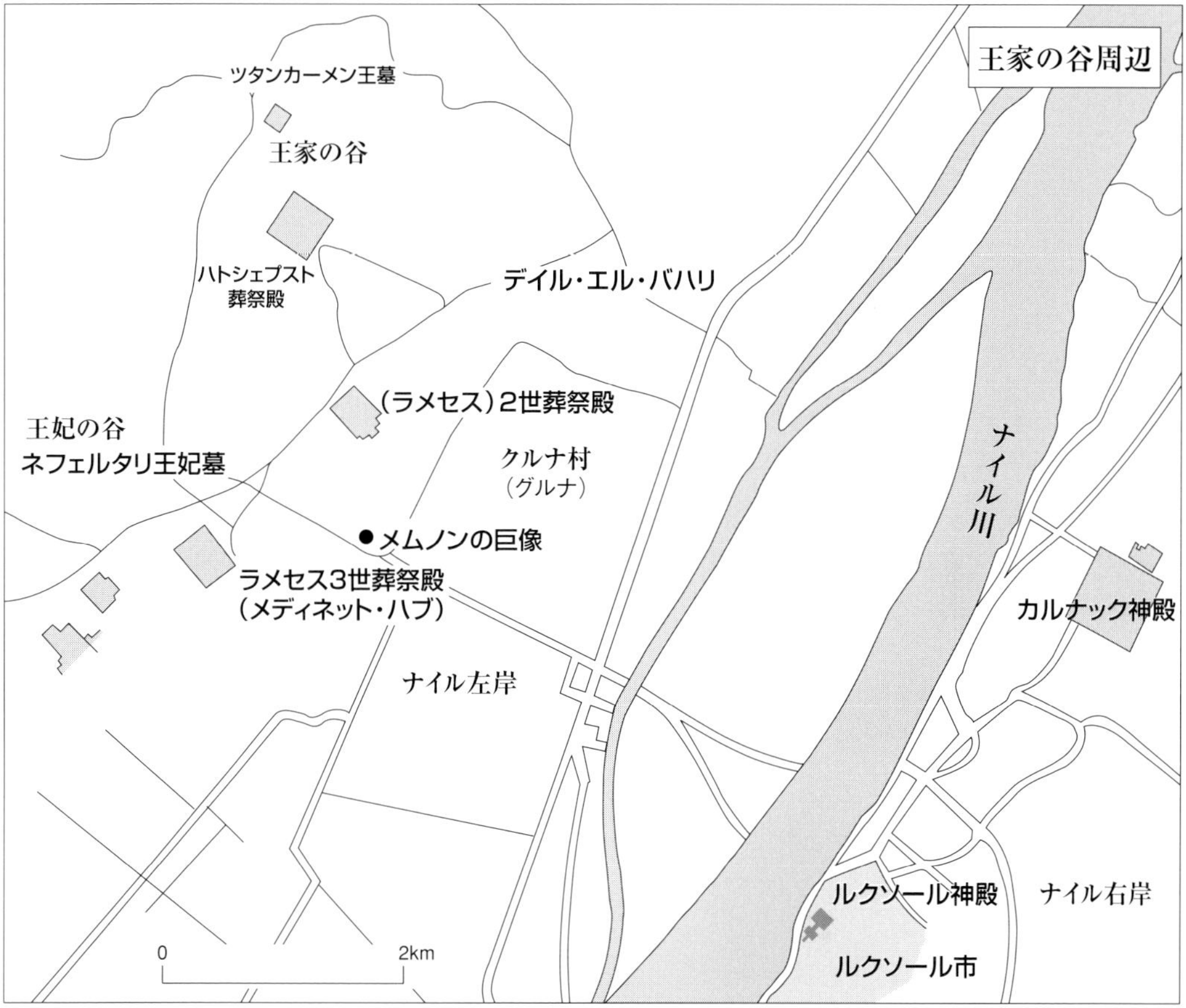

主要参考文献

●『ツタンカーメン発掘記』
(ハワード・カーター著、酒井傳六・熊田亨訳、
筑摩書房、1971)
●『ツタンカーメン展図録』(朝日新聞社、1965)
●『図説　黄金のツタンカーメン
悲劇の少年王と輝ける財宝』
(ニコラス・リーヴス著、近藤二郎訳、原書房、1993)
●『図説　王家の谷百科----ファラオたちの栄華と墓と財宝』
(ニコラス・リーヴス著、近藤二郎訳、原書房、1998)
●『ツタンカーメン秘話』
トマス・ホーヴィング著、屋形禎亮・榊原豊治訳、白水社、
1995)
●『図説　古代エジプト1・2』
(仁田三夫編著、松本弥・村治笙子・
片岸直美＝文、河出書房新社、1998)
●『図説　エジプトの「死者の書」』
(村治笙子・片岸直美＝文、
仁田三夫＝写真、河出書房新社、2002)
●『THEBES OF THE HUNDRED GATES』
(仁田三夫、エジプト文化省、1975)
●『TRESORS DE L'ART EN EGYPT』
(仁田三夫、MILANO FINICE社、1994)
●『古代エジプトの壁画』
(仁田三夫、日本経済新聞社、1977)
●『エジプト古代文明の旅』(仁田三夫、講談社、1996)

●著者略歴

仁田三夫（にった・みつお）
一九二四年、埼玉県川口生まれ。東京写真工業専門学校（現東京工芸大学）卒業。写真家。古代エジプトの遺跡・美術に魅了されて四五年。八〇回以上エジプトを訪れ、ライフワークとして、その写真記録に取り組み、国際的に高い評価を得ている。著書に『古代エジプトの壁画』（岩崎美術社）、『ルクソール賛歌』（筑摩書房）、『エジプト古代文明の旅』（講談社）、『百門の都テーベ』（エジプト文化省）など多数。二〇〇九年没。

村治笙子（むらじ・しょうこ）
一九四七年、東京都生まれ。東洋大学文学部西洋史学科卒業。エジプト学専攻（特に、古代エジプトの宗教および壁画の研究）。日本オリエント学会。主著に『古代エジプト人の世界』（岩波新書）、共著に『古代エジプトの壁画』（岩崎美術社）、『動く図鑑MOVE 古代文明のふしぎ』（講談社）、『トーハクのミイラ』（東京国立博物館）、『図説 エジプトの「死者の書」』（河出書房新社）、など。

年表・地図協力＝松本弥　イラスト＝大森裕美子
写真協力＝エイプリル・データ・デザインズ／フォトグラフ三光堂

ふくろうの本

新装版
図説 ツタンカーメン王

二〇〇五年　一　月三〇日初版発行
二〇一一年　四　月三〇日改訂新装版初版発行
二〇二四年　三　月二〇日新装版初版印刷
二〇二四年　三　月三〇日新装版初版発行

著者……………………仁田三夫・村治笙子
デザイン………………ファイアー・ドラゴン
装幀……………………岩瀬聡
発行者…………………小野寺優
発行……………………株式会社河出書房新社
〒一五一-〇〇五一
東京都渋谷区千駄ヶ谷二-三二-二
電話　〇三-三四〇四-一二〇一（営業）
　　　〇三-三四〇四-八六一一（編集）
https://www.kawade.co.jp/
印刷……………………大日本印刷株式会社
製本……………………加藤製本株式会社

Printed in Japan
ISBN978-4-309-76330-9